胡适作品系列

胡适作品系列

问题与主义

北京大学出版社
PEKING UNIVERSITY PRESS

图书在版编目（CIP）数据

问题与主义 / 胡适著. —北京：北京大学出版社，2013.8
（胡适作品系列）
ISBN 978-7-301-22198-3

Ⅰ. ①问… Ⅱ. ①胡… Ⅲ. ①胡适（1891～1962）－文集 Ⅳ. ①C52

中国版本图书馆 CIP 数据核字 (2013) 第 030428 号

书　　　　名	问题与主义
著作责任者	胡　适 著
责 任 编 辑	张文礼
标 准 书 号	ISBN 978-7-301-22198-3/I · 2602
出 版 发 行	北京大学出版社
地　　　　址	北京市海淀区成府路 205 号　100871
网　　　　址	http://www.pup.cn　新浪官方微博：@北京大学出版社
电 子 信 箱	pkuwsz@126.com
电　　　　话	邮购部 62752015　发行部 62750672
	编辑部 62767315　出版部 62754962
印 刷 者	北京中科印刷有限公司
经 销 者	新华书店
	890 毫米×1240 毫米　32 开本　10.375 印张　192 千字
	2013 年 8 月第 1 版　2021 年 5 月第 5 次印刷
定　　　　价	49.00 元

未经许可，不得以任何方式复制或抄袭本书之部分或全部内容。
版权所有，侵权必究
举报电话：010-62752024　电子信箱：fd@pup.pku.edu.cn

1917年6月,胡适回国前夕,送给老师白特生的照片,上有亲笔题字。

1921年冬天胡适留影。

1947年6月,华北学联在民主广场上举行"一·二一"四烈士和闻一多、李公朴追悼大会时,胡适发表讲话。

1948年9月23日,中央研究院在南京举行成立二十周年纪念会暨第一次院士会议时的合影。胡适在前排右四。

胡适在演讲中。
1952至1954年,胡适在台湾多次公开演讲。

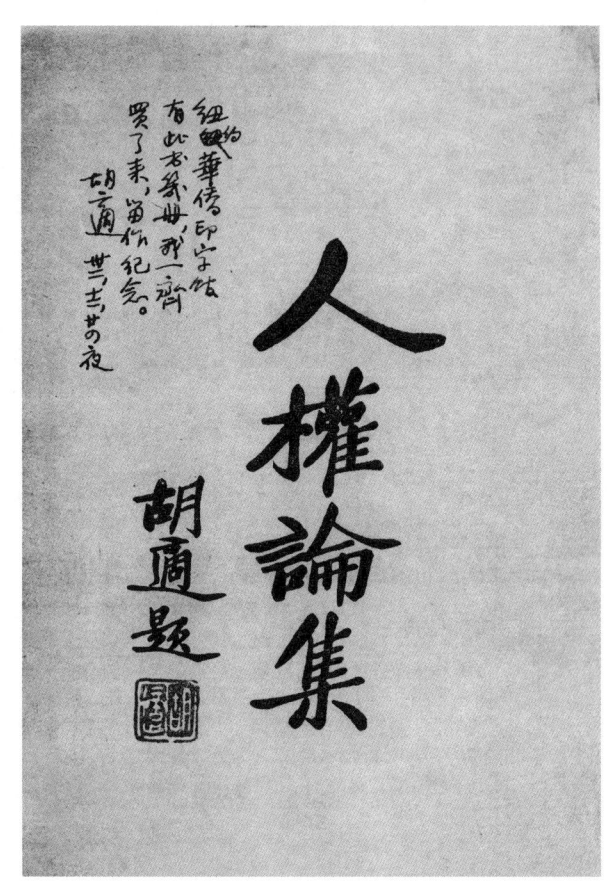

《人权论集》封面。胡适、罗隆基、梁实秋合著,1931年1月由上海新月书店出版。

着博士服的胡适油画像。

出版说明

胡适是二十世纪中国最具国际声誉的学者、思想家和教育家。他在文、史、哲等学科都取得了巨大的成就,是"五四"以来影响中国文化学术最深的历史人物。他活跃于社会政治领域,是中国自由主义最具诠释力的思想家。胡适在北京大学从事教学工作长达十八年,曾任北京大学文学院院长、校长等职。他对北大情有独钟,遗嘱中交代将他留在大陆的书籍和文件捐赠给北大图书馆。为反映这位文化巨人一生博大精深的文化建树,本社在北大百年校庆的1998年曾隆重推出一套大型胡适作品集——《胡适文集》(12册),对所收作品均作了文字订正和校勘,其中有一部分作品,采用了胡适本人后来的校订本或北大的收藏本,具有很高的文献价值,受到学界和广大读者的欢迎。

因文集早已售缺,多年来,一直有要求重印的呼声。此次重印,此套书的编者欧阳哲生先生又精心做了许多工作,包括对照已出各种版本的优长,重核胡适本人原始和修订版的文字等,力求呈现最接近大师本人原意的文字面貌。为方便读者阅读,我们从《胡适文集》之中精选部分内容，另外推出"胡适作品系列"。

胡适一生未参加任何政党，但他对政治有"不感兴趣的兴趣"，并将之视为一个知识分子的责任。他曾经参与主编《每周评论》，创刊《努力周报》、《新月》、《独立评论》等刊，发表了大量政论时评文章，极力提倡民主、思想自由。本书除了收录和"问题与主义"之争相关的文献，还收录了胡适谈论政制改革、思想革命、思想自由、人权等问题的文章。

由于所处环境不同，研究视角与方法不同，本书对某些具体问题的描述和解释，与内地通行的说法有不尽相同之处，对这些说法，我们未作删改，这并不代表我们完全同意作者的说法，请读者在阅读时认真鉴别。本书的人名、地名、标点等，有的与现行用法不同，为保存原貌，亦未加修改。

限于编辑水平，难免存在错漏之处，欢迎读者多提宝贵意见。

北京大学出版社
2013年5月

目　录

问题与主义	/ 1
差不多先生传	/ 44
"女子解放从那里做起？"	/ 47
大家起来监督财政	/ 49
政论家与政党	/ 53
蔡元培与北京教育界	/ 58
一师毒案感言	/ 62
拜金主义	/ 67
说　难	/ 70
我们要我们的自由	/ 73
我们对于政治的主张	/ 77
思想革命与思想自由	/ 80
宪政问题	/ 84
民权的保障	/ 90
制宪不如守法	/ 97

建国问题引论 / 103

建国与专制 / 114

再论建国与专制 / 122

论《宪法初稿》 / 130

双十节的感想 / 138

汪蒋通电里提起的自由 / 144

今日思想界的一个大弊病 / 150

政制改革的大路 / 157

再谈谈宪政 / 172

我们能行的宪政与宪法 / 177

容忍与自由 / 181

我们走那条路 / 189

人权与约法 / 224

《人权与约法》的讨论 / 233

我们什么时候才可有宪法？ / 239

知难，行亦不易 / 249

易卜生主义 / 266

贞操问题 / 289

新思潮的意义 / 302

问题与主义

一 多研究些问题,少谈些"主义"!

本报(《每周评论》)第二十八号里,我曾说过:

> 现在舆论界大危险,就是偏向纸上的学说,不去实地考察中国今日的社会需要究竟是什么东西。那些提倡尊孔祀天的人,固然是不懂得现时社会的需要。那些迷信军国民主义或无政府主义的人,就可算是懂得现时社会的需要么?
> 要知道舆论家的第一天职,就是细心考察社会的实在情形。一切学理,一切"主义",都是这种考察的工具。有了学理作参考材料,便可使我们容易懂得所考察的情形,容易明白某种情形有什么意义,应该用什么救

济的方法。

我这种议论，有许多人一定不愿意听。但是前几天北京《公言报》、《新民国报》、《新民报》（皆安福部的报），和日本文的《新支那报》，都极力恭维安福部首领王揖唐主张民生主义的演说，并且恭维安福部设立"民生主义的研究会"的办法。有许多人自然嘲笑这种假充时髦的行为。但是我看了这种消息，发生一种感想。这种感想是："安福部也来高谈民生主义了，这不够给我们这班新舆论家一个教训吗？"什么教训呢？这可分三层说：

第一，空谈好听的"主义"，是极容易的事，是阿猫阿狗都能做的事，是鹦鹉和留声机器都能做的事。

第二，空谈外来进口的"主义"，是没有什么用处的。一切主义都是某时某地的有心人，对于那时那地的社会需要的救济方法。我们不去实地研究我们现在的社会需要，单会高谈某某主义，好比医生单记得许多汤头歌诀，不去研究病人的症候，如何能有用呢？

第三，偏向纸上的"主义"，是很危险的。这种口头禅很容易被无耻政客利用来做种种害人的事。欧洲政客和资本家利用国家主义的流毒，都是人所共知的。现在中国的政客，又要利用某种某种主义来欺人了。罗兰夫人说，"自由自由，天下多少罪恶，都是借你的名做出的！"一切好听的主义，都有这种危险。

这三条合起来看，可以看出"主义"的性质。凡"主义"都是应时势而起的。某种社会，到了某时代，受了某种的影响，呈现某种不满意的现状。于是有一些有心人，观察这种现象，想出某种救济的法子。这是"主义"的原起。主义初起时，大都是一种救时的具体主张。后来这种主张传播出去，传播的人要图简便，便用一两个字来代表这种具体的主张，所以叫他做"某某主义"。主张成了主义，便由具体的计划，变成一个抽象的名词。"主义"的弱点和危险就在这里。因为世间没有一个抽象名词能把某人某派的具体主张都包括在里面。比如"社会主义"一个名词，马克思的社会主义，和王揖唐的社会主义不同；你的社会主义，和我的社会主义不同：决不是这一个抽象名词所能包括。你谈你的社会主义，我谈我的社会主义，王揖唐又谈他的社会主义，同用一个名词，中间也许隔开七八个世纪，也许隔开两三万里路，然而你和我和王揖唐都可自称社会主义家，都可用这一个抽象名词来骗人。这不是"主义"的大缺点和大危险吗？

我再举现在人人嘴里挂着的"过激主义"做一个例：现在中国有几个人知道这一个名词做何意义？但是大家都痛恨痛骂"过激主义"，内务部下令严防"过激主义"，曹锟也行文严禁"过激主义",卢永祥也出示查禁"过激主义"。前两个月,北京有几个老官僚在酒席上叹气,说,"不好了,过激派到了中国了。"前两天有一个小官僚,看见我写的一把扇子,大诧异道,"这不是过激党胡适吗?"哈哈,这就是"主义"的用处!

我因为深觉得高谈主义的危险,所以我现在奉劝新舆论界的同志道:"请你们多提出一些问题,少谈一些纸上的主义。"

更进一步说:"请你们多多研究这个问题如何解决,那个问题如何解决,不要高谈这种主义如何新奇,那种主义如何奥妙。"

现在中国应该赶紧解决的问题,真多得很。从人力车夫的生计问题,到大总统的权限问题;从卖淫问题到卖官卖国问题;从解散安福部问题到加入国际联盟问题;从女子解放问题到男子解放问题;……那一个不是火烧眉毛紧急问题?

我们不去研究人力车夫的生计,却去高谈社会主义;不去研究女子如何解放,家庭制度如何救正,却去高谈公妻主义和自由恋爱;不去研究安福部如何解散,不去研究南北问题如何解决,却去高谈无政府主义;我们还要得意扬扬夸口道,我们所谈的是根本"解决"。老实说罢,这是自欺欺人的梦话,这是中国思想界破产的铁证,这是中国社会改良的死刑宣告!

　　为什么谈主义的人那么多,为什么研究问题的人那么少呢?这都由于一个懒字。懒的定义是避难就易。研究问题是极困难的事,高谈主义是极容易的事。比如研究安福部如何解散,研究南北和议如何解决,这都是要费工夫,挖心血,收集材料,征求意见,考察情形,还要冒险吃苦,方才可以得一种解决的意见。又没有成例可援,又没有黄梨洲、柏拉图的话可引,又没有《大英百科全书》可查,全凭研究考察的工夫;这岂不是难事吗?高谈"无政府主义"便不同了。买一两本实社《自由录》,看一两本西文无政府主义的小册子,再翻一翻《大英百科全书》,便可以高谈无忌了;这岂不是极容易的事吗?

　　高谈主义,不研究问题的人,只是畏难求易,只是懒。

　　凡是有价值的思想,都是从这个那个具体的问题下手的。先研究了问题的种种方面的种种的事实,看看究竟病在何处,这是思想的第一步工夫。然后根据于一生经验学问,提出种种解决的方法,提出种种医病的丹方,这是思想的第二步工夫。然后用一生的经验学问,加上想像的能力,推想每一种假定的解决法,该有什么样的效果,推想这种效果是否真能解决眼前这个困难问题。推想的结果,拣定一种假定的解决,认为我的主张,这是思想的第三步工夫。凡是有价值的主张,都是先经过这三步工夫来的。不如此,不算舆论家,只可算是抄书手。

读者不要误会我的意思。我并不是劝人不研究一切学说和一切"主义"。学理是我们研究问题的一种工具。没有学理做工具,就如同王阳明对着竹子痴坐,妄想"格物",那是做不到的事。种种学说和主义,我们都应该研究。有了许多学理做材料,见了具体的问题,方才能寻出一个解决的方法。但是我希望中国的舆论家,把一切"主义"摆在脑背后,做参考资料,不要挂在嘴上做招牌,不要叫一知半解的人拾了这些半生不熟的主义去做口头禅。

"主义"的大危险,就是能使人心满意足,自以为寻着包医百病的"根本解决",从此用不着费心力去研究这个那个具体问题的解决法了。

民国八年七月

(原载1919年7月20日《每周评论》第31号)

二 附录 蓝志先先生《问题与主义》

本报三十一期,有我的《多研究些问题,少谈些主义》一篇文章。我的朋友知非先生,把他转载《国民公报》上,又在那报上发表了《问题与主义》一篇文章。知非先生的议论,很有许多地方可以补正我的原作。他那篇文章约有七千字，本报篇幅有限，不能全载，故略加删节，转录于此。所删去几段，如论人类的神秘性之类，大概都是不很紧要的材料，请作者原谅。

（适）

近日《每周评论》上，有一篇胡君适之的文章，劝人少讲主义，多研究问题，说得非常痛辟。吾们舆论界，从这篇文章里，得的益处一定不少。但是中国今日的思想界，混沌已极，是个"扶得东来西又倒"的东西。胡君这篇议论，恐怕会得一个意想外的结果。况且他的议论里头，太注重了实际的问题，把主义学理那一面的效果抹杀了一大半，也有些因噎废食的毛病。现在记者且把自己的意见，分几层写出来，就正胡君，并质之一般舆论界。

现在请先一论问题的性质。

一，凡是构成一个问题，必定是社会生活上遇着了一种困难。这困难是从三种情形来的：(一) 旧存的制度，和新有的理想冲突；(二) 新变化的生活（外来的或自发的原因），和旧事物的冲突；(三) 社会中有扰乱迫害的事实发生。因有这三种情形问题的性质，便有理想和现实的区别。其解决的方法，也就不能一律并论了。

二，问题本因实际利害而起。但是在这不等质的社会，各部分的利害，常不一致。甲部分的问题，未必不是乙部分的问题，甚或互相冲突，各自构成相反的问题。故问题的范围常不相同，有世界的问题，有一民族的问题，有一地方的或一阶级的问题。问题愈广，理想的分子亦愈多；问题愈狭，现实的色彩亦愈甚；决不可以一概而论的。

三，问题之发生，固起于困难；但构成一种问题，非必由于客观的事实，而全赖主观的反省。有主观的反省，虽小事亦可成为问题；无主观的反省，即遇着极不合理的，或是极困难的事实，也未必能成为问题。譬如专制君主的毒害，在中国行了几千年，并没有人觉他不合理，拿来成一问题。及至最近数十年，西方的思想输入，人民有了比较，起了反省，即便成了极大的问题，产生出辛亥革命的大事件。又如东方的家族制度，奴隶劳动，在今日思想已经进步的时候，尚不能成为问题，若移到西方去，立刻便成了一种不可终日的问题了。可见构成问题的要素，全在这主观的反省。

问题的性质既是这样的复杂，那解决的方法当然不能简单一样。遇着局部的现实的经过反省，成了问题的时候，自然用不着主义学说来鼓吹，只要求具体的解决方法，便有结果。若是一种广泛的含有无数理想的分子的——即为尚未试验实行的方法，——问题，并且一般人民，对于他全无反省，尚不能成为问题的时候，恐怕具体的方法，也不过等于空谈，决没有什么效果可言的么！况且解决一种问题，全靠与这问题有关系的人自动的起来解决，方有效果可言。若是有关系的人无丝毫感觉这问题重要，即使人起来代劳，其效果不是零便是恶，是可断定的。故所以吾们要提出一种具体的方法来解决问题，必定先要鼓吹这问题的意义，以及理论上根据，引起了一般人的反省，使成了问题，才能采纳吾们的方法。否则问题尚不成，有什么方法可言呢？

通常提到问题两个字，一定把他当作具体的性质看；其实不尽然。哲学科学上的且不提，即如与吾们实际生活有关系的问题，抽象性质的也很多。……从他根本的方面着眼，即成了抽象性的问题，从他实行的方面着眼，便成了具体性的问题。……

像吾上文第一项所举的旧制度和新理想的冲突问题：这种问题，大概通常称为革命的问题（广义的）。初起的时候，一定是在那是非善恶的方面争，即标示的改革方法，也决不是什么具体方法，一定是一种趋向的标准（这种标示，与其说是方法，毋宁说是目标）。譬如法国大革命时候所标示的自由，平等，和中国辛亥革命所标示排满，算是具体的方法呢，还是理想的目标呢？这可以不言而知的。故凡是革命的问题，一定从许多要求中，抽出几点共通性，加上理想的色彩，成一种抽象性的问题，才能发生效力。若是胪列许多具体方法，即就变成一种条陈,连问题都不成,如何能做一般的进行方针呢?于此可见问题不限于具体性,而抽象性的问题,更重要的了。

像吾上文第二项所举的例,凡是一阶级一地方的实际利害,自然是具体问题居多。但是涉于事物制度起源的问题,那就变成抽象了。譬如选举权及自治权的问题,在起初的时候,决不是他内容如何的问题,一定是正当不正当及权利义务的理论问题。何况自一阶级以及他阶级,一地方以及他地方?若不是抽出共通点来作进行的标准,那人力车夫的利害问题,如何能算小学教员的问题;小学教员的问题,又如何能算是女工的问题?其中能一致的地方,自然是抽象的结果了。"去其特别点而取其共通点。"若如民族的世界的问题,因他范围之广,那抽象性是自然越发增大的了。故问题的范围愈大,那抽象性亦愈增加。于此更可见抽象性问题的重要了。

像吾上文所举第三项的例,人类主观的反省,固多起于实际苦痛的压迫。但是人有一种习惯性,他的性质异常固定,可以使人麻木不仁。任你如何活动的物事,一成习惯,便如生铁铸成,决不能动他秋毫。古今无量数的人,为苦痛压迫的牺牲,因为这习惯的桎梏,宛转就死,尚不知其所以然,并没有人把他提出来做个问题。必定等到有少数天才有识的人，把他提作问题，加以种种理论上的鼓吹，然后才成一个共通的问题。故抽象问题，常在具体问题之先，到了第二步才变成具体的性质的。

从这三点看起来，问题不限于具体，抽象性的更为重要；而当问题初起之时，一定先为抽象性，后才变成具体性的。照此讲法，主义学说，如何可以说是不重要，而一笔抹杀呢？吾且再把主义学说的性质论一论。

主义是什么呢？胡君说，从一种救时的具体主张，因为传播的缘故，才变成一种抽象的主义（简略胡君原语）。这话果然不错。但是有许多主义，他的重要部分，并不在从具体主张变成抽象名词，却在那未来的理想。世间有许多极有力量的主义，在他发生的时候，即为一种理想，并不是什么具体方法，信仰这主义的，也只是信仰他的理想，并不考究他的实行方法。即如从具体方法变成主义的，也决不是单依着抽象方法便能构成，尚须经过理想的洗练泡制，改造成的。故理想乃主义的最要部分。一种主张能成主义与否，也全靠这点。

主义是多数人共同行动的标准，或是对于某种问题的进行趋向或是态度。一种主张能成为标准趋向态度，与具体的方法却成反比例（因为愈具体，各部分利害愈不一致），全看他所含抱的理想的强弱。设个比方：主义好像航海的罗盘针，或是灯台上的照海灯。航海的人,照着他进行罢了。至于航海的方法,以及器具,却是另一件事,与他无必然的关系。故主义是一件事,实行的方法又是一件事,其间虽有联属的关系,却不是必然不可分离的。一个主义,可以有种种的实行方法,甚至可以互相冲突,绝不相容。各种的实行方法,也都是按着各部分人的利害必要,各各不同。因为方法与主义,不过是目标与路径的关系;向着这目标走,果然是一定不变;至于从那一条路走,路中所遇事物何如,行路中间所起的事变何如,与这目标并无必然的关系。换一句话讲,主义并不一定含着实行的方法,那实行的方法,也并不是一定要从主义中推演出来的。故所以同一主义,在甲地成了某种现象,在乙地又成一种现象。乃同在一地,信奉同一主义的人,因实行方法的不同,变成种种极不相容的党派。这种例证,古今不知多少,亦不用再举的了。

胡君说,主义的弱点和危险,都在这抽象一点上;这话也不尽然。吾上文已经说过,范围愈广,他的抽象性亦愈大。因为抽象性大,涵盖力可以增大。涵盖力大,归依的人数自然愈增多。

自来宗教上,道德上,政治上,主义能鼓动一世,发生极大效力,都因为他能涵盖一切,做各部分人的共同趋向的缘故。若愈近具体,则必切合一部分的利害。他的发动的力量，顶大也只限于一部分的人，如何能鼓动各部分的人呢？故往往有一种主义，在主义进行的时候，效力非常之大，各部分的团结也非常坚强；一到具体问题的时候，主张纷歧，立刻成一种扰攘的现象。像那法国大革命，中国辛亥的革命，以及今日的俄、德革命，都是极好的一个例。他们当初所以能成功，都因为共同奉着一个抽象主义。若是起初就拿具体的方法来进行，恐怕在革命前，便已互相冲突纷乱扰攘，早为旧势力所扑灭，还能等到革命后来纷扰么？

胡君说主义有危险。依吾的意见，主义的自身并没有什么危险。所谓危险，都在贯彻主义的实行方法。何以故呢？因为凡是主义，必定含着一种未来的理想。在尚未实现的时候，如何能判定他危险不危险呢？若指他试验中间所发生的种种恶现象而言，则凡属试验的事物，必须经过种种错误，才能成功，——所谓错误，也只方法上的错误，——不独主义为然。况且主义不过是一种标准趋向态度，并非实行方法。在同一主义之下，可以有种种不同或是相反的方法。危险不危险，全看选择的精确不精确。择术不精，才有危险。如何能怪及主义呢？譬如罗盘针虽是航海的趋向标准；但同一方向的海路，本不只一条，海中间所有的危险，也不只一途；你自测量不精，走错了路，如何能怪及罗盘针指示的方向不对呢？故说主义危险，实是因果倒置。……

照吾以上说法，问题与主义，并不是相反而不能并立的东西。现在且把问题主义方法三种相连的关系，归结到下列五点。

（一）一种问题的实行方法，本有种种条款，有重要的，有不重要的，有联属的，有矛盾的。若无一贯的精神把他整齐贯串，如何能实行有效呢？这种一贯的精神，就是主义。故说主义是方法的标准趋向和态度。

（二）问题愈大，性质愈复杂。一个问题，往往含有无数相反的可能性。其中自有最重要而为问题的中心一点。这最重要而为中心一点，在问题自身，原为解决方法的标准，抽象出来，推行到他部分或是他种问题去，即是主义。

（三）问题的抽象性，涵盖性，很有与主义相类的地方。往往同一事件，从受动这方面去看，是个问题，从能动这方面去看，就是主义。换一句话讲，问题有一贯的中心，是问题之中有主义；主义常待研究解决，是主义之中有问题，二者自不能截然区别的。

（四）社会的环境不同，主义和问题的关系，也就不能一样。在文化运动进步不息的社会，主义常由问题而产生。因为在这种社会，一切事物，都属能动性，常跟时代前进。偶有那不进的事物，立刻便引起一般人的注意，成为问题。有问题，便发生各种运动。从这运动中，便产生了若干主义，拿来做解决方法的实行标准。若是在那文化不进步的社会,一切事物,都成了固定性的习惯,则新问题的发生,须待主义的鼓吹成功,才能引人注意。因为这种社会,问题的发生,极不容易。非有一种强有力的主义鼓吹成熟,征服了旧习惯,则无论何种事物,都有一个天经地义的因袭势力支配在那里。有敢挟丝毫疑义的人,便是大逆不道。如何能拿来当一个问题,去讲求解决方法呢?故在不进步的社会,问题是全靠主义制造成的。

(五)不论何种社会,凡是进到何种程度,文化必定渐渐化为固定性,发生停滞的现象。故必常常有少数天才有识的人,起来鼓吹新理想,促进社会的文化;这种新理想,在一般人渐渐首肯之时,即成为主义。由此主义,发生种种问题,试验又试验,常悬为未来的进行方针。而在旧习惯所支配的社会,自身不能发生新理想,则往往由他国输入富于新理想的主义,开拓出一个改革的基础来。

以上五点,即是吾上文所说的结论。胡君对于主义,于吾上文所说外,尚抱有几个疑点。现请就这几点上讨论。

(一)空谈主义是很容易的事,解决问题是很难的事。难易本来是比较的话,没有绝对的标准。……譬如主义,读一二小册子,便可乱谈,看起来似乎很易。但是要把一种主义的内容和意义,明白得十分透彻,鼓吹到社会上去,使社会的若干部分,成为信徒,发生主义的运动,这事恐怕就很难。又如解决实际问题,往往费尽力量,不得一个圆满的结果,看起来似乎很难。但若不问结果,只要糊里糊涂了结,那了结的方法,正容易呢!可见主义的易,不易在主义本身,而在随便乱谈;问题的难,不难在解决方法,而难在解决后的好结果,再进一步言:解决的结果何以有好坏,好结果何以很难,这不可不有一判别的标准。这个标准,就是一种主义。……胡君不说应当从主义上做工夫,却教吾们去想实际解决的方法,那自然是难极的了。

(二)胡君说空谈外来进口的主义,是没有什么用处的。胡君的意思,以为一切主义,都不过是某时某地一种具体的方法转变来的,和吾们实际的需要未必能符;各有各的需要,各有各的方法;故说外来的主义是无用的。这话果然也很有道理。但是在今日世界,文化交通的时代,各社会的需要,渐渐日即日近,一地有效的主义,在他地也未必无效。吾们只能问主义之有效与否,不必问他是外来的或是自生的。况且所谓实际需要,也得有个解说。在因袭势力支配的旧社会,他的需要和那文化进步的社会,都是大不相同的。……中国今日所有的新需要,新问题,那一件不是外来的思想主义所产出来的么?如果胡君的话是专指不合现时用的那些极端主义而言,命题果然正确的多;但是亦有未尽然的地方。因为一切主义，都含有几种理想，其中有现时可适用的，有现时不可适用的；甲地可适用的，乙地不可适用的；极端的如是，温和的亦复如是，这是选择应用上的问题，和输入外来的主义无关。即如过激主义和无政府主义等等，其中不适合的地方，果然很多，有益处的地方也并非绝无。取长去短，以补他种主义之不足，亦未尝无效力可言。要在能否运行。研究他亦正不妨。若是概括以空谈外来主义为无用，未免有几分独断。

(三)胡君说偏向纸上的主义，有为无耻政客用来做害人的危险。胡君这种忧虑，是大可不必有的。因为主义进于鼓吹，已不限于纸上的了。人家受他的鼓吹，信奉他的主义，必定要问这种主义的内容和他的影响结果。无耻政客，决不能用来欺人的。……王揖唐讲社会主义，依然还是一个王揖唐主义，绝没有人去上他当的。至于假借名目，用来作陷害人的器具，那真是欲加之罪，何患无词？在没有这些主义的时候，他们何尝少害了人呢？横竖吾们是他们眼中钉，有主义也罢，无主义也罢，总有一天拔去了他们才痛快。倒是吾们现时在研究商酌之中，不能自己确立一种最信奉的主义，标明旗帜，和他们短兵相接，是一件最抱憾的事罢。

吾现在再简单总括几句话：吾们因为要解决从人力车夫的生计，到大总统的权限；从卖淫到卖官卖国；从解散安福部到加入国际联盟；从女子解放到男子解放等等问题：所以要研究种种主义。主义的研究和鼓吹，是解决问题的最重要最切实的第一步。……

（原载1919年8月3日《每周评论》第33号）

三 附录 李大钊先生《再论问题与主义》

适之先生：

我出京的时候，读了先生在本报三十一号发表的那篇论文，题目是《多研究些问题，少谈些主义》，就发生了一些感想。其中有的或可与先生的主张互相发明，有的是我们对社会的告白。现在把他一一写出，请先生指正。

（一）"主义"与"问题" 我觉得"问题"与"主义"有不能十分分离的关系。因为一个社会的解决，必须靠着社会上多数人共同的运动。那么我们要想解决一个问题，应该设法，使他成了社会上多数人共同的问题。要想使一个社会问题，成了社会上多数的共同的问题，应该使这社会上可以共同解决这个那个社会问题的多数人，先有一个共同趋向的理想主义，作他们实验自己生活上满意不满意的尺度（即是一种工具）。有那共同感觉生活上不满意的事实，才能一个一个的成了社会问题，才有解决的希望。不然，你尽管研究你的社会问题，社会上多数人却一点不生关系。那个社会问题，是仍然永没有解决的希望；那个社会问题的研究，也仍然是不能影响于实际。所以我们的社会运动，一方面固然要研究实际的问题，一方面也要宣传理想的主义。这是交相为用的，这是并行不悖的。不过谈主义的人，高谈虽没有什么不可，也须求一个实验。这个实验，无论失败与成功，在人类的精神里，终能留下个很大的痕影，永久不能消灭。从前信奉英国的Owen主义的人，和信奉法国的Fourier主义的人，在美洲新大陆上都组织过一种新村落新团体。最近日本武者小路氏等在那日向地方，也组织了一个"新村"。这都是世人指为空想家的实验；都是他们的实际运动中最有兴味的事实；都是他们同志中有志者或继承者，集合起来，组织一个团体，在那里实现他们所理想的社会组织，作一个关于理想社会的标本，使一般人由此知道这新社会的生活，可以希望，以求实现世界的改造的计划。Owen派与Fourier派在美洲的运动，虽然因为离开了多数人民，去传播他们的理想，就像在那没有深厚土壤的地方撒布种子的一样，归于失败了。而Noeyes作《美国社会主义史》，却批评他们，说：Owen主义的新村落，Fourier主义的新团体，差不多生下来就死掉了。现在人都把他们忘了。可是社会主义的精神，永远存留在国民生命之中。如今在那几百万不曾参加他们的实验生活，又不是Owen主义者，又不是Fourier主义者，只是没有理论的社会主义者，只信社会有科学的及道德的改造的可能的人人中，还有方在待晓的一个希望犹尚俨存。这日向的"新村"，有许多点像那在美洲新大陆上已成旧梦的新村。而日本的学者及社会，却很注意。河上肇博士说，他们的企画中，所含的社会改造的精神，也可以作方在待晓的一个希望，永存在人人心中。最近本社仲密先生，自日本来信，也说"此次东行，在日向颇觉愉快"。可见就是这种高谈的理想，只要能寻一个地方去实验，不把他作了纸上的空谈，也能发生些工具的效用，也会在人类社会中有相当的价值。不论高揭什么主义，只要你肯竭力向实际运动的方面努力去做，都是对的，都是有效果的。这一点我的意见稍与先生不同。但也承认我们最近发表的言论，偏于纸上空谈的多，涉及实际问题的少。以后誓向实际的方面去作。这是读先生那篇论文后发生的觉悟。

大凡一个主义，都有理想与实际两方面。例如民主主义的理想，不论在那一国，大致都很相同。把这个理想适用到实际的政治上去，那就因时，因所，因事的性质情形，有些不同。社会主义，亦复如是。他那互助友谊的精神，不论是科学派，空想派，都拿他来作基础。把这个精神适用到实际的方法上去，又都不同。我们只要把这个那个的主义，拿来作工具，用以为实际的运动，他会因时，因所，因事的性质情形，生一种适用环境的变化。在清朝时，我们可用民主主义作工具去推翻爱新觉罗家的皇统。在今日，我们也可以用他作工具去推翻那军阀的势力。在别的资本主义盛行的国家，他们可以用社会主义作工具去打倒资本阶级。在我们这不事生产的官僚强盗横行的国家，我们也可以用他作工具去驱除这一般不劳而生的官僚强盗。一个社会主义者，为使他的主义在世界上发生一些影响，必须要研究怎样可以把他的理想尽量应用于环绕着他的实境。所以现在的社会主义，包含着许多把他的精神变作实际的形势使合于现在需要的企图。这可以证明主义的本性，原有适用实际的可能性。不过被专事空谈的人用了，就变成空的罢了。那么先生所说主义的危险，只怕不是主义的本身带来的，是空谈他的人给他的。

（二）假冒牌号的危险　一个学者一旦成名，他的著作恒至不为人读，而其学说，却如通货一样，因为不断的流通传播，渐渐磨灭，乃至发行人的形像印章，都难分清。亚丹斯密史留下了一部书，人人都称赞他，却没有人读他。马查士留下了一部书，没有一个人读他，大家却都来滥用他。英人邦纳氏（Bonar）早已发过这种感慨。况在今日群众运动的时代，这个主义，那个主义，多半是群众运动的隐语旗帜，多半带着些招牌的性质。既然带着招牌的性质，就难免假冒招牌的危险。王麻子的刀剪，得了群众的赞许，就有旺麻子等来混用他的招牌；王正大的茶叶，得了群众的照顾，就有汪正大等来混用他的招牌。今日社会主义的名词，很在社会上流行，就有安福部的社会主义跟着发现。这种假冒招牌的现象，讨厌诚然讨厌，危险诚然危险，淆乱真实也诚然淆乱真实。可是这种现象，正如中山先生所云：新开荒的时候，有些杂草毒草，夹杂在善良的谷物花草里长出，也是当然应有的现象。王麻子不能因为旺麻子等也来卖刀剪，就闭了他的剪铺。王正大不能因为汪正大等也来贩茶叶，就歇了他的茶庄。开荒的人，不能因为长了杂草毒草，就并善良的谷物花草一齐都收拾了。我们又何能因为安福派也来讲社会主义，就停止了我们正义的宣传。因为有假冒牌号的人，我们越发应该一面宣传我们的正义，一面就种种问题研究实用的方法，好去本着主义作实际的运动。免得阿猫，阿狗，鹦鹉，留声机来混我们，骗大家。

（三）所谓过激主义　《新青年》和《每周评论》的同人，谈俄国布尔札维克主义的议论很少，仲甫先生和先生等的思想运动，文学运动，据日本《日日新闻》的批评，且说是支那民主主义的正统思想。一方要与旧式的顽迷思想奋战，一方要防遏俄国布尔札维克主义的潮流。我可以自白：我是喜欢谈谈布尔札维克主义的。当那举世若狂，庆祝协约国战胜的时候，我就作了一篇《Bolshevism的胜利》的论文，登在《新青年》上。当时听说孟和先生因为对于布尔札维克主义不满意，对于我的对于布尔札维克的态度，也很不满意（孟和先生游欧归来，思想有无变动，此时不敢断定）。或者因为我这篇论文，给《新青年》的同人，惹出了麻烦，仲甫先生今犹幽闭狱中，而先生又横被过激党的诬名，这真是我的罪过了。不过我总觉得布尔札维克主义的流行，实在是世界文化上一大变动。我们应该研究他，介绍他，把他的害象昭布在人类社会；不可一味听信人家为他们造的谣言，就拿凶暴残忍的话抹煞他们的一切。所以一听人说他们实行"妇女国有"，就按情理断定是人家给他们造的谣言。后来看见美国"New Republic"登出此事的原委，知道这话果然是种谣言，原是布尔札维克政府给俄国某城的无政府党的人造的。以后展转传讹，人又给他们加上了。最近有了慰慈先生在本报发表的俄国的新宪法，土地法，婚姻法等几篇论文，很可以供我们研究俄事的参考，更可以证明妇女国有的话，全然无根了。后来又听人说，他们把克鲁泡脱金氏枪毙了，又疑这话也是谣言。据近来欧美各报的消息，克氏在莫斯科附近安然无恙。在我们这盲目的社会，他们那里知道Bolshevism是什么东西，这个名词怎么解释？不过因为迷信资本主义，军国主义的日本人，把他译作"过激主义"，他们看"过激"

这两个字,很带着些危险,所以顺手拿来乱给人戴。看见先生们文学改革论激烈一点,他们就说先生是过激党。看见章太炎、孙伯兰政治论激烈一点,他们又说这两位先生是过激党。这个口吻,是根据我们四千年先圣先贤道统的薪传。那"杨子为我,是无君也;墨子兼爱,是无父也;无父无君,是禽兽也"的逻辑,就是他们唯一的经典。现在就没有"过激党"这个新名词,他们也不难把那旧武器拿出来攻击我们。什么"邪说异端"哪,"洪水猛兽"哪,也都可以给我们随便戴上。若说这是谈主义的不是,我们就谈贞操问题,他们又来说我们主张处女应该与人私通。我们译了一篇社会问题的小说,他们又来说我们提倡私生子可以杀他父母。在这种浅薄无知的社会里,发言论事,简直的是万难,东也不是,西也不是。我们惟有一面认定我们的主义,用他作材料,作工具,以为实际的运动。一面宣传我们的主义,使社会上多数人都能用他作材料,作工具,以解决具体的社会问题,那些猫、狗、鹦鹉、留声机,尽管他们在旁边乱响;过激主义哪,洪水猛兽哪,邪说异端哪,尽管他们乱给我们头衔。那有闲工夫去理他!

(四)根本解决 "根本解决"这个话,很容易使人闲却了现在,不去努力,这实在是一个危险。但这也不可一概而论。若在有组织,有生机的社会,一切机能,都很敏活;只要你有一个工具，就有你使用他的机会，马上就可以用这工具作起工来。若在没有组织、没有生机的社会，一切机能，都已闭止，任你有什么工具，都没有你使用作工的机会。这个时候，恐怕必须有一个根本解决，才有把一个一个的具体问题都解决了的希望。就以俄国而论，罗曼诺夫家没有颠覆，经济组织没有改造以前，一切问题，丝毫不能解决。今则全都解决了。依马克斯的唯物史观，社会上法律政治伦理等精神的构造，都是表面的构造。他的下面，有经济的构造，作他们一切的基础。经济组织一有变动，他们都跟着变动。换一句话说，就是经济问题的解决，是根本解决。经济问题一旦解决，什么政治问题，法律问题，家族制度问题，女子解放问题，工人解放问题，都可以解决。可是专取这唯物史观（又称历史的唯物主义）的第一说，只信这经济的变动是必然的，是不能免的，而于他的第二说——就是阶级竞争说，——了不注意，丝毫不去用这个学理作工具，为工人联合的实际运动，那经济的革命，恐怕永远不能实现；就能实现，也不知迟了多少时期。有许多马克思派社会主义者，很吃了这个观念的亏。天下只是在群众里传布那集产制必然的降临的福音，结果除去等着集产制必然的成熟以外，一点的预备也没有作。这实在是现在各国社会党遭了很大危机的主要原因。我们应该承认：遇着时机，因着情形，或须取一个根本解决的方法；而在根本解决以前还须有相当的准备活动才是。

以上拉杂写来，有的和先生的意见完全相同，有的稍相差异，已经占了很多的篇幅了。如有未当，请赐指教。以后再谈罢。

李大钊寄自昌黎五峰

（原载 1919 年 8 月 17 日《每周评论》第 35 号）

四　三论问题与主义

我那篇《多研究些问题，少谈些主义》，承蓝知非、李守常两先生，做长篇的文章，同我讨论，把我的一点意思，发挥的更透彻明了，还有许多匡正的地方，我很感激他们两位。

蓝君和李君的意思，有很相同的一点：他们都说主义是一个"共同趋向的理想"（李君的话），是"多数人共同行动的标准，或是对于某种问题的进行趋向或态度"（蓝君的话）。这种界说，和我原文所说的话，并没有冲突。我说，"主义初起时，大都是一种救时的具体主张。后来这种主张，传播出去，传播的人，要图简便，便用一两个字来代表这种具体的主张，所以叫他做某某主义。主张成了主义，便由具体的计划，变成一个抽象的名词"。我所说的是主义的历史，他们所说的是主义的现在的作用。试看一切主义的历史,从老子的无为主义,到现在的布尔札维克主义,那一个主义起初不是一种"救时的具体主张?"

蓝、李两君的误会,由于他们错解我所用的"具体"两个字。凡是可以指为这个或那个的,凡是关于个体的及特别的事物的,都是具体的。譬如俄国新宪法,主张把私人所有的土地,森林,矿产,水力,银行,收归国有;把制造和运输等事,归工人自己管理;无论何人,必须工作;一切遗产制度,完全废止;一切秘密的国际条约,完全无效;……这都是个体的政策,这都是这个那个政治或社会问题的解决法。——这都是"具体的主张"。现在世界各国,有一班"把耳朵当眼睛"的妄人,耳朵里听见一个"布尔札维克主义"的名词,或只是记得一个"过激主义"的名词,全不懂得这一个抽象名词所代表的是什么具体的主张,便大起恐慌,便出告示捉拿"过激党",便硬把"过激党"三个字套在某人某人的头上。这种妄人,脑筋里的主义,便是我所攻击的"抽象名词"的主义。我所说的"主义的危险",便是指这种危险。

蓝君的第二个大误会,是把我所用的"抽象"两个字解错了。我所攻击的"抽象的主义",乃是指那些空空荡荡,没有具体的内容的全称名词。如现在官场所用的"过激主义",便是一例;如现在许多盲目文人心里的"文学革命"大恐慌,便是二例。蓝君误会我的意思,把"抽象"两个字,解作"理想",这便是大错了。理想不是抽象的,是想像的。譬如一个科学家,遇着一个困难的问题,他脑子里推想出几种解决方法,又把每种假设的解决所涵的结果,一一想像出来,这都是理想的。但这些理想的内容,都是一个个具体的想像,并不是抽象的。我那篇原文自始至终,不但不曾反对理想,并且极力恭维理想。我说:

> 凡是有价值的思想,都是从这个那个具体的问题下手的。先研究了问题的种种方面的种种事实,看看究竟病在何处,这是思想的第一步工夫。然后根据于一生的经验学问,提出种种解决的方法,提出种种医病的丹方,这是思想的第二步工夫。然后用一生的经验学问,加上想像的能力,推想每一种假定的解决法,该有什么样的效果,推想这种效果,是否真能解决眼前这个困难问题。推想的结果,拣定一种假定的解决,认为我的主张,这是思想的第三步工夫。凡是有价值的主张,都是先经过这三步工夫来的。不如此,算不得舆论家,只可算是抄书手。

这不是极力恭维理想的作用吗？

但是我所说的理想的作用，乃是这一种根据于具体事实和学问的创造的想像力，并不是那些抄袭现成的抽象的口头禅的主义。我所攻击的，也是这种不根据事实的，不从研究问题下手的抄袭成文的主义。

蓝、李两君所辩护的主义，其实乃是些抽象名词所代表的种种具体的主张（这个分别，请两君及一切读者，不要忘记了）。如此所说的主义，我并不曾轻视。我屡次说过，"一切学理，一切主义，都只是我们研究问题的工具"。我又屡次说过，"有了学理做参考的材料，便可使我们容易懂得所考察的情形，看什么意义，应该用什么救济方法"。我这种议论，和李君所说的"应该使社会上多数人，先有一个共同趋向的理想主义，作他们实验自己生活上满意不满意的态度"，并没有什么冲突的地方。和蓝君所说的"我们要提出一种具体的方法来解决问题，必定先要鼓吹这问题的意义，以及理论上的根据，引起一般人的反省"，也没有什么冲突的地方。因为蓝、李两君这两段话，所含的意思，都是要用主义学理作解决问题的工具和参考材料，所以同我的意见相合。如果蓝、李两君认定主义学理的用处，不过是能供给"这问题"的意义，以及理论上的根据，——如果两君认定这观点，我决没有话可以驳回了。

但是蓝君把"抽象"和理想混作一事,故把我所反对的和我所恭维的,也混作一事。如他说"问题愈广,理想的分子亦愈多;问题愈狭,现实的色彩亦愈甚"。这是我所承认的。但是此处所谓"理想的分子",乃是上文我所说的"推想","假设","想像"几步工夫,并不是说问题的本身是"抽象的"。凡是能成问题的问题,都是具体的,都只是这个问题或那个问题。决没有空空荡荡,不能指定这个那个的问题,而可以成为问题的。

蓝君说,"问题的范围愈大,那抽象性亦愈增加"。这里他把"抽象性"三字,代替上文的"理想的分子"五字,便容易使人误解了。试看他所举的例,如法国大革命所标的自由平等,如中国辛亥革命所标示的排满,都不是问题本身,都是具体问题的解决。为什么要排满呢?因为满清末年的种种具体的腐败情形,种种具体的民生痛苦,和政治黑暗,刺激一般有思想的志士,成了具体的问题,所以他们提出排满的目标,作为解决当时的问题的计划。这问题是具体的,这解决也是具体的。法国革命以前的情形,社会不平等,人民不自由,痛苦的刺激,引起一般学者的研究。一般学者的答案说:人类本生来自由平等的,一切不平等不自由,都只是不自然的政治社会的结果。故法国大革命所标示的自由平等,乃是对于法国当日情形的具体解决。法国大革命所要解决的问题,都是具体的。大革命所提出的自由平等,在我们眼里,自然很抽象了,在当日都是具体的主张,因为这些抽象名词,在当日所代表的政策,如废王室,废贵族制度,行民主政体,人人互称"同胞",……那一件不是具体的主张?

所以我要说:蓝君说的"问题的范围愈大,那抽象性亦愈增加",是错了。他应该说,"问题的范围愈大,我们研究这种问题时所需要的思想作用格外繁难,格外复杂,思想的方法,应该格外小心,格外精密"。更进一步:他应该说,"问题的范围愈大,里面的具体小问题愈多。我们研究时,决不可单靠几个好听的抽象名词,就可敷衍过去;我们应该把那太大的范围缩小下来,把那复杂的分子分析出来,使他们都成一个一个的具体的简单问题,如此然后可以做研究的工夫"。

我且举几个例:譬如手指割破了,牙齿虫蛀了,这都是很简单的病,可以随手解决。假如你生了肠热症(Typhoid),病状一时不容易明了,因为里面的分子太复杂了。你的医生,必须用种种精密的试验方法,每时记载你的热度,每日画成曲线表,表示热度的升降,诊察你的脉,看你的舌苔,化验你的大小便,取出你的血来,化验血里的微菌……如此方才可以断定你的病是否肠热症。断定之后,方才可以用疗治的方法。一切大问题，一切复杂的问题，并不是"抽象性增加"；乃是里面所含的具体分子太多了，所以研究的时候，所需要的思想作用，也更复杂繁难了。补救这种繁难，没有别法子，只有用"分析"，把具体的大问题，分作许多更具体的小问题。

分析之后，然后把各分子的现象，综合起来，看他们有什么共同的意义。譬如医生把病人的脉，血，小便，热度等现象综合起来，寻出肠热症的意义，这便是"综合"。但是这种综合的结果，仍旧是一个具体的问题（肠热病），仍旧要用一种具体的解决法（肠热病的疗法）。并不是如蓝君所说"从许多要求中，抽出几种共同性，加上理想的色彩，成一种抽象性的问题"。

以上所说，泛论"问题与主义"，大旨只有几句话："凡是能成问题的问题，无论范围大小，都是具体的，决不是抽象的；凡是一种主义的起初，都是一些具体的主张，决不是空空荡荡，没有具体的内容的。问题本身，并没有什么抽象性；但是研究问题的时候，往往必须经过一番理想的作用；这一层理想的作用，不可错认作问题本身的抽象性。主义本来都是具体问题的具体解决法。但是一种问题的解决法，在大同小异的别国别时代，往往可以借来作参考材料。所以我们可以说主义的原起，虽是个体的，主义的应用，有时带着几分普遍性。但不可因为这或有或无的几分普遍性,就说主义本来只是一种抽象的理想。"

蓝君和我有一个根本不同的地方。我认定主义起初都是一些具体的主张。蓝君便不然。他说:

> 一种主张,能成为标准趋向态度,与具体的方法恰成反比例。因为愈具体,各部分的利害愈不一致。……故主义是一件事,实行的方法又是一件事。……主义并不一定含着实行的方法,那实行的方法也并不是一定要从主义中推演出来的。……故往往有一种主义,在主义进行的时候,效力非常之大,各部分的团结也非常坚强。一到具体问题的时候,主张纷歧,立刻成一纷扰的现象。

蓝君这几段话,简直是自己证明主义决不可和具体的方法分开。因为有些人,用了几个抽象名词,来号召大众;因为他们的"主义"里面,不幸不曾含有"实行的方法"和"具体的主张";所以当鼓吹的时候,未尝不能轰轰烈烈的哄动了无数信徒,一到了实行解决具体问题的时候,便闹糟了,便闹出"主张纷歧,立刻扰乱"的笑柄来了。所以后来扰乱的原因,正为当初所"鼓吹"的,只不过是几个糊涂的抽象名词,里面并不曾含有具体的主张。最大最明的例,就是这一次威尔逊先生在巴黎和会的大失败。威总统提出了许多好听的抽象名词，——人道，民族自决，永久和平，公道正谊等等，——受了全世界人的崇拜，他的信徒，比释迦、耶稣在日多了无数倍，总算"效力非常之大"了。但他一到了巴黎，遇着了克里蒙梭、鲁意乔治、牧野、奥兰多等一班大奸雄，他们袖子里抽出无数现成的具体的方法，贴上"人道"，"民族自决"，"永久和平"的签条，——于是威总统大失败了，连口都开不得。这就可证明主义决不可不含具体的主张。没有具体主张的"主义"，必致闹到扰乱失败的地位。所以我说蓝君的"主义是一件事，实行的方法又是一件事"，只是人类一桩大毛病，只是世界一个大祸根，并不是主义应该如此的。

请问我们为什么要提倡一个主义呢？难道单是为了"号召党徒"吗？还是要想收一点实际的效果，做一点实际的改良呢？如果是为了实际的改革，那就应该使主义和实行的方法，合为一件事，决不可分为两件不相关的事。我常说中国人（其实不单是中国人）有一个大毛病，这病有两种病征：一方面是"目的热"，一方面是"方法盲"。蓝君所说的"主义并不一定含着实行的方法"，便是犯了这两种病。只管提出"涵盖力大"的主义，便是目的热；不管实行的方法如何，便是方法盲。

李君的话，也带着这个毛病。他说：

大凡一个主义，都有理想与实用两方面。例如民主主义的理想，不论在那一国，大致都很相同。把这个理想适用到实际的政治上去，那就因时，因地，因事的性质情形，有些不同。……我们只要把这个那个主义拿来做工具，用以为实际的运动，他会因时因地因事的性质情形，生一种适用环境的变化。

　　这是一种不负责任的主义论。前次杜威先生在教育部讲演，也曾说民治主义在法国便偏重平等；在英国便偏重自由，不认平等；在美国并重自由与平等，但美国所谓自由，又不是英国的消极自由，所谓平等，也不是法国的天然平等。但是我们要知道这并不是民治主义的自然适应环境，这都是因为英国、法国、美国的先哲，当初都能针对当日本国的时势需要，提出具体的主张，故三国的民治各有特别的性质（试看法国革命的第一二次宪法，和英国边沁等人的驳议，便可见两国本来主张不同）。这一个例，应该给我们一个很明显的教训：我们应该先从研究中国社会上政治上种种具体问题下手；有什么病，下什么药；诊察的时候，可以参用西洋先进国的历史和学说，用作一种"临症须知"；开药方的时候，可以参考西洋先进国的历史和学说，用作一种"验方新编"。不然，我们只记得几首汤头歌诀，便要开方下药，妄想所用的药进了病人肚里,自然"会"起一种适应环境的变化,那就要犯一种"庸医杀人"的大罪了。

蓝君对于主义的抽象性极力推崇,认他为最合于人类的一种神秘性;又说:"抽象性大,涵盖力可以增大。涵盖力大,归依的人数愈增多。"这种议论,自然有一部分真理。但是我们同时也该承认人类的这种"神秘性",实在是人类的一点大缺陷。蓝君所谓"神秘性",老实说来,只是人类的愚昧性。因为愚昧不明,故容易被人用几个抽象名词骗去赴汤蹈火,牵去为牛为马,为鱼为肉。历史上许多奸雄政客,懂得人类有这一种劣根性,故往往用一些好听的抽象名词,来哄骗大多数的人民,去替他们争权夺利,去做他们的牺牲。不要说别的,试看一个"忠"字,一个"节"字,害死了多少中国人?试看现今世界上多少黑暗无人道的制度,那一件不是全靠几个抽象名词,在那里替他做护法门神的?人类受这种劣根性的遗毒,也尽够了。我们做学者事业的,做舆论家的生活的,正应该可怜人类的弱点,打破他们对于抽象名词的迷信,使他们以后不容易受这种抽象的名词的欺骗。所以我对于蓝君的推崇抽象性和人类的"神秘性",实在很不满意。蓝君是很有学者态度的人,他将来也许承认我这种不满意是不错的。

但是我们对于人类迷信抽象名词的弱点,该用什么方法去补救他呢？我的答案是：

> 多研究些具体的问题，少谈些抽象的主义。一切主义，一切学理，都该研究，但是只可认作一些假设的见解，不可认作天经地义的信条；只可认作参考印证的材料，不可奉为金科玉律的宗教；只可用作启发心思的工具，切不可用作蒙蔽聪明，停止思想的绝对真理。如此方才可以渐渐养成人类的创造的思想力，方才可以渐渐使人类有解决具体问题的能力，方才可以渐渐解放人类对于抽象名词的迷信。

民国八年七月

（原载1919年8月24日《每周评论》第36号）

五　四论问题与主义

论输入学理的方法

上一期里，我已做了五千多字的《三论问题与主义》一篇文章。后来我觉得还有几点小意思，不曾发挥明白，故再说几句。

我虽不赞成现在的人空谈抽象的主义，但是我对于输入学说和思潮的事业，是极赞成的。我曾说过：

我们应该先从研究中国社会上，政治上，种种具体问题下手，有什么病，下什么药，诊察的时候，可以参考西洋先进国的历史和学说，用作一种"临症须知"，开药方的时候，也可以参考西洋先进国的历史和学说，用作一种"验方新编"。

若要用这种参考的材料，我们自然不能不做一些输入的事业。但是输入学理，不是一件容易做到的事。做的不好，不但无益，反有大害。我对于输入学理的方法，颇有一点意见，写出来请大家研究是否可用。

（1）输入学说时应该注意那发生这种学说的时势情形 凡是有生命的学说，都是时代的产儿，都是当时的某种不满意的情形所发生的。这种时势情形，乃是那学说所以出世的一个重要原因。若不懂得这种原因，便不能明白某人为什么要提倡某种主义。当时不满意的时势情形便是病症，当时发生的各种学说便是各位医生拟的脉案和药方。每种主义初起时，无论理想如何高超，无论是何种高远的乌托邦（例如柏拉图的《共和国》），都只是一种对症下药的药方。这些药方，有些是后来试验过的，有些是从来不曾试验过的。那些试验过的（或是大试，或是小试）药方，遇着别时别国大同小异的症状，也许可以适用，至少可以供一种参考。那些没有试验过的药方，功用还不能决定，至多只可以在大同小异的地方与时代，做一种参考的材料。但是若要知道一种主义，在何国何时是适用的，在何国何时是不适用的，我们须先知道那种主义发生的时势情形和社会政治的状态是个什么样子，然后可以有比较，然后可以下判断。譬如药方，若要知道某方是否可适用于某病，总得先知道当初开这方时的病状，究竟是个什么样子。当初诊察时的情形，写的越详细完备，那个药方的参考作用便越大。单有一个药方，或仅仅加上一个病名，是没有什么大用的，是有时或致误事的。一切学理主义，也是如此。一种主义发生时的社会政治情形越记的明白详细，那种主义的意义越容易懂得完全，那种主义的参考作用也就越大。所以我说输入学说时，应该注意那发生这种学说的时势情形。

（2）输入学说时应该注意论主的生平事实和他所受的学术影响 "论主"两个字，是从佛书上借来的，论主就是主张某种学说的人。例如"马克斯主义"的论主，便是马克斯。学说是时代的产儿，但是学说又还代表某人某人的心思见解。一样的病状，张医生说是肺炎，李医生说是肺痨。为什么呢？因张先生和李先生的经验不同，学力不齐，所受的教育不同，故见解不同。诊察时的判断不同，故药方也不同了。一样的时代，老聃的主张和孔丘不同，为什么呢？因为老聃和孔丘的个人才性不同,家世不同,所受教育经验不同,故他们的见解也不同。见解不同,故解决的方法也不同了。即如马克斯一个人的事迹,就是一个明显的例。我们研究马克斯主义的人,知道马克斯的学说,不但和当时的实业界情形,政治现状,法国的社会主义运动等等,有密切关系,并且和他一生的家世(如他是一个叛犹太教的犹太人等事实),所受的教育影响(如他少时研究历史法律,后来受海智儿一派的历史哲学影响等),都有绝大的关系。还有马克斯以前一百年中的哲学思想,如十八世纪的进化论及唯物论等,都是马克斯主义的无形元素,我们也不能不研究。我们须要知道凡是一种主义,一种学说,里面有一部分是当日时势的产儿,一部分是论主个人的特别性情家世的自然表现,一部分是论主所受古代或同时的学说影响的结果。我们若不能仔细分别,必致把许多不相干的偶然的个人怪僻的分子,当作有永久价值的真理,那就上了古人的当了。我们对于论主的时势,固然应该注意,但是对于论主个人的事实与教育,也不可不注意。我们雇一个厨子,尚且要问他的家世经验,讨一个媳妇,尚且要打听他的性情家教;何况现在介绍关于人生社会的重要主张,岂可不仔细研究论主的一生性情事实吗?

(3) 输入学说时应该注意每种学说所已经发生的效果

上面所说的两种条件,都只是要我们注意所以发生某种学说的因缘。懂得这两层因缘，便懂得论主何以要提倡这种学说。但是这样还算不得真懂得这种主义的价值和功用。凡是主义，都是想应用的，无论是老聃的无为，或是佛家的四大皆空，都是想世间人信仰奉行的。那些已经充分实行，或是局部实行的主义，他们的价值功用，都可在他们实行时所发生的效果上分别出来。那些不曾实行的主义，虽然表面上没有效果可说，其实也有了许多效果，也发生了许多影响，不过我们不容易看出来罢了。因为一种主张，到了成为主义的地步，自然在思想界，学术界，发生一种无形的影响，围范许多人的心思，变化许多人的言论行为，改换许多制度风俗的性质。这都是效果，并且是很重要的效果。即如老聃的学说未通行的时候，已能使孔丘不知不觉的承认"无为之治"的理想；墨家的学说虽然衰灭了，无形之中，已替民间的鬼神迷信，添了一种学理上的辩护，又把儒家提倡"乐教"的势力减了许多；又如法家的势力，虽然被儒家征服了，但以后的儒家，便不能不承认刑法的功用。这种效果，无论是好是坏的，都极重要，都是各种主义的意义之真实表现。我们观察这种效果，便可格外明白各种学说所涵的意义，便可格外明白各种学说的功用价值。即如马克斯主义的两个重要部分：一是唯物的历史观，一是阶级竞争说（他的"赢余价值说"，是经济学的专门问题，此处不易讨论）。唯物的历史观，指出物质文明与经济组织在人类进化社会史上的重要，在史学上开一个新纪元，替社会学开无数门径，替政治学说开许多生路：这都是这种学说所涵意义的表现，不单是这学说本身在社会主义运动史上的关系了。这种唯物的历史观，能否证明社会主义的必然实现，现在已不成问题，因为现在社会主义的根据地，已不靠这种带着海智儿臭味的历史哲学了。但是这种历史观的附带影响——真意义——是不可埋没的。又如阶级战争说指出有产阶级与无产阶级不能并立的理由，在社会主义运动史与工党发展史上固然极重要。但是这种学说，太偏向申明"阶级的自觉心"一方面，无形之中养成一种阶级的仇视心，不但使劳动者认定资本家为不能并立的仇敌，并且使许多资本家也觉劳动者真是一种敌人。这种仇视心的结果，使社会上本来应该互助而且可以互助的两种大势力，成为两座对垒的敌营，使许多建设的救济方法成为不可能，使历史上演出许多本不须有的惨剧。这种种效果固然是阶级竞争说本来的涵义，但是这些涵义实际表现的效果，都应该有公平的研究和评判，然后能把原来的主义的价值与功用一一的表示出来。

以上所说的三种方法，总括起来，可叫做"历史的态度"。凡对于每一种事物制度，总想寻出他的前因与后果，不把他当作一种来无踪去无影的孤立东西，这种态度就是历史的态度。我希望中国的学者,对于一切学理,一切主义,都能用这种历史的态度去研究他们。

我且把上文所说三条作一个表:

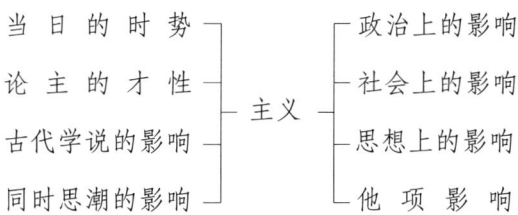

这样输入的主义,一个个都是活人对于活问题的解释与解决,一个个都有来历可考,都有效果可寻。我们可拿每种主义的前因来说明那主义性质,再拿那主义所发生的种种效果来评判他的价值与功用。不明前因,便不能知道那主义本来是作什么用的;不明后果,便不能知道那主义是究竟能不能作什么用的。

输入学说的人,若能如此存心,也许可以免去现在许多一知半解,半生不熟,生吞活剥的主义的弊害。

民国八年七月

(原载1919年8月31日《每周评论》第37号)

差不多先生传

你知道中国最有名的人是谁?

提起此人,人人皆晓,处处闻名。他姓差,名不多,是各省各县各村人氏。你一定见过他,一定听过别人谈起他。差不多先生的名字天天挂在大家的口头,因为他是中国全国人的代表。

差不多先生的相貌和你和我都差不多。他有一双眼睛,但看的不很清楚;有两只耳朵,但听的不很分明;有鼻子和嘴,但他对于气味和口味都不很讲究。他的脑子也不小,但他的记性却不很精明,他的思想也不很细密。

他常常说:"凡事只要差不多,就好了。何必太精明呢?"

他小的时候,他妈叫他去买红糖,他买了白糖回来。他妈骂他,他摇摇头说:"红糖白糖不是差不多吗?"

他在学堂的时候，先生问他："直隶省的西边是哪一省？"他说是陕西。先生说："错了。是山西，不是陕西。"他说："陕西同山西，不是差不多吗？"

后来他在一个钱铺里做伙计；他也会写，也会算，只是总不会精细。十字常常写成千字，千字常常写成十字。掌柜的生气了，常常骂他。他只是笑嘻嘻地赔小心道："千字比十字只多一小撇，不是差不多吗？"

有一天，他为了一件要紧的事，要搭火车到上海去。他从从容容地走到火车站，迟了两分钟，火车已开走了。他白瞪着眼，望着远远的火车上的煤烟，摇摇头道："只好明天再走了，今天走同明天走，也还差不多。可是火车公司未免太认真了。八点三十分开，同八点三十二分开，不是差不多吗？"他一面说，一面慢慢地走回家，心里总不明白为什么火车不肯等他两分钟。

有一天，他忽然得了急病，赶快叫家人去请东街的汪医生。那家人急急忙忙地跑去，一时寻不着东街的汪大夫，却把西街牛医王大夫请来了。差不多先生病在床上，知道寻错了人；但病急了，身上痛苦，心里焦急，等不得了，心里想道："好在王大夫同汪大夫也差不多，让他试试看罢。"于是这位牛医王大夫走近床前，用医牛的法子给差不多先生治病。不上一点钟，差不多先生就一命呜呼了。

差不多先生差不多要死的时候，一口气断断续续地说道："活人同死人也差……差……差不多，……凡事只要……差……差……不多……就……好了，……何……何……必……太……太认真呢？"他说完了这句格言，方才绝气了。

他死后，大家都很称赞差不多先生样样事情看得破，想得通；大家都说他一生不肯认真，不肯算帐，不肯计较，真是一位有德行的人。于是大家给他取个死后的法号，叫他做圆通大师。

他的名誉越传越远，越久越大。无数无数的人都学他的榜样。于是人人都成了一个差不多先生。——然而中国从此就成为一个懒人国了。

（原载1924年6月28日《申报·平民周刊》第1期）

"女子解放从那里做起？"

《星期评论》问我"女子解放从那里做起？"我的答案是："女子解放当从女子解放做起。此外更无别法。"

这话初听了似乎不通，其实这是我想了一夜再三改正的答案。

先说女子的教育。人都说现在的女子教育大失败，因为女学生有卖淫的，有做妾的，有做种种不名誉的事的。我说这不是女子教育失败，这是女子教育不曾解放的失败。我们只给女子一点初等教育，不许他受高级教育；只教他读一点死书，不许他学做人的生活。这种教育我们就想收大功效吗？可算是做梦了！

补救女子教育的失败，就是多给他一点教育。不解放的教育失败了，多给他一点解放的教育。

解放的女子教育是：无论中学大学，男女同校，使他们受同等的预备，使他们有共同的生活。

初办解放的教育一定有危险的，但是这种危险没有法子补救，只有多多的解放。解放是消除解放的危险的唯一法子。

教育如此，女子社交的解放，生计的解放，婚姻的解放，都是一样的。解放的唯一方法就是实行解放。

人常说"解放必须女子先有解放的资格"。换句话说，"先教育，先预备，然后解放。"我说："解放就是一种教育，而且是一种很有功效的活教育。"嘴上空谈解放的预备，实际上依旧把自己的姊妹妻女关起来，叫他们受那种预备将来解放的教育，这是极可笑的事。我十年前也曾提倡男女社交的解放，后来初同美国女子作朋友，竟觉得手足无措，话都说不出来。所以我说：我们如果深信女子解放，应该从实行解放做起。

（原载1919年7月27日《星期评论》第8号）

大家起来监督财政

与其向政府讨账,不如向政府算账!

我们在《我们的政治主张》里,对于财政问题,只主张两点:

(一)澈底的会计公开;

(二)根据国家的收入,统筹国家的支出。

我们自信,这两条虽然简单,却是解决现今财政问题的唯一下手方法。近来司法长官辞职的呈文里,也认定财政之不公开与支配之不平均,为最大的病根。这个观察,我们认为不错。现在政府并不是绝对的没有维持政费与教育费的能力,政费与教育费的所以不能维持,只是因为财政不公开,由几个私人自由分配,自由侵吞,以致正当的用途反没有钱了。去年北京教育界要求交通部担任北京的教育费,他们的主张也只是要打破国家收入由各部自行支配的制度,但教育界一部分的力量是不济事的。我们以为现在各机关的人专向"索薪"一方面做功夫,乃是最下下策。我们不是叫化子,我们是国民,我们应该行使我们的职权来监督我们的财政。假如现在司法界的全体,教育界的全体,银行界的全体,以及各机关的人员有一个公同的组织,提出"会计公开,统筹支配"八个字做一个共同的大运动,进行则一齐进行,罢工则一齐罢工;法庭关门,监狱罢工,银行罢市,以及各机关同时停止。这样做去,一定可以达到我们的目的。

要证实我们的主张是不错的,我请大家仔细研究本年一二两月份盐余一项的收入与支出的实在情形。

△一月份共放盐余 3 760 000元;

由稽核总所支出 1 870 000元;

由财政部支出 1 850 000元。

我们再看财政部怎样支配这185万元:

(1) 陆军各项总计 1 034 065元;

(2) 海军 400 000元;

陆海军总计 1 434 065元;

占本月收入总数的百分之七七.五〇。

(3) 其他各项 415 934元;

占本月收入总数的百分之二二.五〇,但是这各项之中,有344 000元是还债的。实在的非军费的支出，只有哈尔滨特别法庭5万元，与印铸局2 000元，共只有52 000元。这一个月185万元的收入，行政费只占了千分之二十八！

但是更可注意的是二月份的收支：

△二月份共放盐余	3 650 000元
由核稽总所支出	770 000元
由财政部支出	2 880 000元

这2 880 000元的支配是很简单的：

（1）还债（四项）	440 000元
占本月收入总数的百分之一五。	
（2）军费	2 440 000元
占本月收入总数的百分之八五。	

这244万元之中，张作霖一个人拿去了159万元！其余85万是陆军各师与近畿军警饷。这一个月里的浮盐余差不多有300万元，不算少了，然而没有一个大多用在教育司法行政上！

我们再把这两个月总起来看：

一、二两月的净盐余有4 730 000元。军费去了3 874 000元，占了这两个月总收入的百分之八十一有零。行政费只占了百分之一有零。

两个敷月之中，司法方面得着5万元，教育方面不曾得着一个大钱。

　　所以我们说：现在政府并不是没有钱。因为财政不公开，因为罪恶的官吏可以自由支配国家的收入，所以我们到了这步田地，现在的对付方法没有别的，只有大家联合起来，齐心协力的做到"会计公开，统筹支配"八个字。如做不到，我们然后一齐罢工，法庭关门、监狱罢工，银行罢市，以及各机关同时停止！

十一，五，十九

（原载1922年5月21日《努力周报》第3期）

政论家与政党

"政论家可以不入政党,不组政党,而仍可以发生效力吗?"

这个问题现已在许多人的口头和心上了。我们的答案是:

　　有服从政党的政论家,
　　有表率政党的政论家,
　　有监督政党的政论家。

服从政党的政论家,纯粹是政党的鼓吹机关,自然是不能离开政党的,我们且不谈他。

表率政党的政论家,并不能代表一党的全部党员,只代表一党的思想阶级。他们是一党中的观象台,斥候队。他们观察时势,研究事实,替一党定计划,定方针。他们对内提出主张，要求本党的采用；对外说明本党的政策，替本党的政策作宣传与辩护。他们对于反对党，也只有公正的批评，不肯作恶意的攻击。他们对于本党的人物与政策，若认为不能满意时，也应该下公正的批评与弹劾。他们对于本党，因历史上或友谊上的情分，常存一种爱护的态度。但爱护和"姑息"大不相同。本党的人物与政策若不能满足他们的期望，他们要提出忠告；忠告不听，提出反对；反对无效，他们到不得已时，也许脱离旧党，出来另组新党。他们的责任是表率，不是服从；是爱护，不是姑息。他们虽在政党之中，而精神超出政党之上，足迹总在政党之前。

至于那监督政党的政论家，他们是"超然"的，独立的。他们只认社会国家，不认党派；只有政见，没有党见。也许他们的性情与才气是不宜于组织政党的；他们能见事而未必能办事，能计划而未必能执行，能评判人物而未必能对付人，能下笔千言而见了人未必能说一个字，或能作动人的演说而未必能管理一个小团体。他们自然应该利用他们的长处，决不应该误用他们的短处。他们也许有执行与组织的能力；但历史的原因（如美国的两大党），因时势的需要都可以使他们不便或不愿放弃他们的言论事业而投身于政党，况且社会上确然不应该没有一个超然的政论，不但立于一党一派之上（如上述的表率政党的政论家），并且立于各党各派之上，做他们的调解、评判与监督。这种独立的政论家，越多越有益，越发达越好。政党的政论总是染了色彩的居多；色彩越浓，是非越不明白。若没有一派超然的政论家做评判调解的机关，国内便只有水火的党见：不是东风压了西风，便是西风压了东风了！有时他们的责任还不止于评判与调解，他们是全国的观象台、斥候队。他们研究事实，观察时势，提出重要的主张，造成舆论的要求，使国中的政党起初不能不睬他，最后不能不采用他。他们身在政党之外，而眼光注射全国的福利，而影响常在各政党的政策。

有人说，"这种政论家，既无政党，自无政权，如何能使他们的主张发生效力呢？如何能影响各政党的政策呢？"

他们的武器有两种。第一是造舆论。一个新主张初成立时，总是居于极少数的；当这个时候，有势力的政党自然不屑注意它。但是有力的无党政论家往往可以帮助宣传这个不很惹人注意的主张；久而久之，这个主张成了空气了，政党就不能不光顾它了。于是在野的政党要用这个新主张来打倒当权的政党，于是当权的政党也要用它来维持它的地位。例如女子参政的问题和许多劳动立法的问题，在欧美各国，都是这样加入政治党纲中去的。第二是造成多数的独立选民。独立的政论家虽然无党，有时也可以说是有党；他们的党就是那许多无所统属的独立选人。在政治清明、教育发展的国家，总有一部分的选人是不常属于一党一派的；他们的向背是跟着各政党的政策与人物的优劣而变更的；今年赞成这一党，明年也许赞成那一党。在英国、美国那种两大党势均力敌的国家，独立选人的向背往往是政府起倒的关键。独立的选民也可以组成一个独立的小党，如英国的劳动党（Iabor Party）在议会里人数虽少，却可以操纵两大党，在立法上收极大的功效。在美国的独立选民是没有政党组织的；少数有政党组织的，如社会党，反不能收大功效；倒是那多数无党的"独立者"（Independents），可左可右，也可以左右两大政党的命运。就我个人亲眼看见的说，1912年大选举时，独立者倾向罗斯福，就使新起的进步党打倒当政权的共和党；1916年，进步党与共和党复和，但独立者倾向威尔逊，故1912年之少数总统，一跃而为1916年之多数总统，而进步共和两党合并的能力终打不倒民主党与独立者合并的能力。

在这个本来不惯政党政治，近来更厌恶政党政治的中国，今日最大的需要决不在政党的政论家，而在独立的政论家。独立的政论家只认是非，不论党派；只认好人与坏人，只认好政策与坏政策，而不问这是那一党的人与那一派的政策：他们立身在政党之外，而影响自在政党之中。他们不倚靠现成的势力,而现成的势力自不能不承认他们的督促。

十一,六,二

(附论)超然的政论、独立的政论,并不是麻木的政论与是非不明的政论。现在最可怪的一种现象就是舆论界的麻木与混沌。上海的报界在奉直战争时的议论,差不多全是"张作霖胜固可忧,吴佩孚败亦可喜"的论调;我们读了不能不回想到两年前直皖战争时代安福部的《公言报》;《公言报》虽坏,但远胜于近来这种麻木的"稳健"了!

北京近来的报纸更不能免这种麻木与混沌的责备。即如董康在这个时候敢出来做财政上的清理与改革,这种"掮木梢"的精神,不能不使我们佩服。舆论对他,至少应该表示一种同情的援助。然而北京的报界对他只有嘲笑与讥讽,甚至于那主张新文化的《晨报》也只有嘲笑与讥讽。董康的同情者倒是那远在三万里外的伦敦《太晤士报》与《孟彻司脱高丁报》![1]这是我们不能满意的。

(原载1922年6月4日《努力周报》第5期)

---

[1] 编者注:《孟彻司脱高丁报》即《曼彻斯特卫报》(*Mauchester Guardian*)。

蔡元培与北京教育界

我们读了蔡先生的宣言,应该明白两点:第一,他个人因为政治太黑暗了,"不能再忍而立刻告退了"。他自己的态度并不是完全消极的;他自己指出"退的举动并不但是消极的免些纠纷,间接的还有积极的势力"。这句话的意思,依我们看来,似乎是说:他的一去,明明是对恶政治的一种奋斗方法。假如他的抗议能引起一般人已经麻木了的政治感觉,那就是积极的势力了。无论如何,他的去志是十分坚决的。他既以他的一去为奋斗,他决不会回来了,这一点是很明白的。

明白了这一点,我们所以不主张挽留蔡先生,蔡先生是挽留不住的;我们不如承认他的决心,体贴他抗议而去的精神;我们只能希望他能以自由个人的地位,继续作谋政治清明的奋斗;我们不应该学那个糊涂的黎元洪,劝他"勉抑高怀，北来视事"！

第二，他对北京大学的态度，也是很明白的。他说，"五四风潮以后，我鉴于为一个校长的去留的问题，生了许多枝节，我虽然抱了必退的决心，终不愿为一人的缘故，牵动学校。所以近几年来，在校中设立各种机关，完全倚教授为中坚，决不至因校长问题发生什么危险了"。这是他对于北京大学的态度。他不愿为一人而牵动北京大学，自然更不愿为一人而牵动北京学界了。

明白了这一点，我们所以主张：北京教育界应该认清蔡先生"不愿为一人的缘故，牵动学校"的苦心；应该继续维持各学校。北京教育界中的人，自然有许多对于蔡先生抗议的精神极端表示同情的；但同情的表示尽可以采取个人行动的方式，不必牵动学校。如有赞成他的不合作主义的，尽可以自行抗议而去。如有嫌他太消极的，尽可以进一步作积极的准备；个人行动也好，秘密结合也好，公开鼓吹也好，但都不必牵动学校。

至于北京教育界现在已经用团体名义进行的两件事——去彭允彝与国会殴打学生案——自然不能不仍用团体名义进行。但非至十分不得已的时候，总应该以不牵动学校为是。这几年的经验给我们的教训是：一切武器都可用；只有"罢课"一件武器，无损于敌人而大有害于自己，是最无用的。

至于政府方面，我们也不能不对他们提出一种"尽人事"的忠告。我们的忠告是：

（1）彭允彝是不能不去的。这一个无耻政客本不值得教育界全体的攻击；但事到如今，可不同了。教育界攻击彭允彝，并不是攻击他本身，乃是攻击他所代表的东西。

第一，彭允彝代表"无耻"。第二，彭允彝代表政府与国会要用维持一个无耻政客来"整饬学风"的荒谬态度。这个态度，从黎元洪对教员代表的谈话和张我华、王用宾们在参议院的宣言里，都可以看出来的。如果黎元洪、王用宾们真以为维持一个无耻的小人就可以整饬学风，他们真是添柴而想止沸，真是昏愦糊涂之极了。

（2）北京大学的校长是断不可随便任命的。今日的北京大学，有评议会和教授会可以维持秩序；蔡先生就不回来，这种"教授治校"的制度是可以维持下去的，此时国中绝无可以继任蔡先生之人；现政府的夹袋中自然更没有可以做北大校长的人了。如果政府倒行逆施的硬要派一个新校长来，——如民国八年徐世昌派胡仁源的故事，——我们可以预料全国（不但北大）一定要反抗的。我们不看见北京高等师范的故事吗？高师闹了许多校长的风潮，现在没有校长，由评议会治校，倒可以维持秩序了。

这两点，我们明知是白白地说了的。但我们为教育界前途计，明知无益，终于忍不住要说了。

十二，一，二十五
（原载1923年1月28日《努力周报》第39期）

一师毒案感言

古人说,"暴得大名,不祥"。这句话是很有理的。名誉是社会对于一个人或一个机关的期望的表示。例如人说某学校是"最高学府",这就是说社会期望某学校做"最高学府"。如果将来某学校不能做到社会的期望,他就要使社会大失望了。期望愈大,愈容易失望;失望愈大,责备也愈严重。所以享大名的人,跌倒下来,受的责备比常人更大更多。所以古人说,暴得大名是一件不祥之事。

浙江一师自民国八年以后,忽然得着一种很可妒羡的盛名。社会上的新分子夸奖一师,说他是东南新思想的中心;社会的旧分子攻击一师,说他是危险思想的出产地。夸奖与攻击,无论是否正当,都帮助一师的名誉飞跃到很可妒羡的地位。本省内地的学生纷纷来投考一师,自不消说;甚至于我们徽州的少年,不甘受内地旧学校的束缚的,也都纷纷赶到杭州,想尝尝浙江一师里新思潮的滋味。我曾看见徽州学生程憬的日记,他记载当日投考被取时的心理,真有"出幽谷而迁乔木"的高兴。一个中等学校得此盛名,岂不很可妒羡吗?

一师背着"东南新思潮的一个中心"的盛名,已三四年了。"新思潮"是什么东西?在我个人看来,新思潮并不是几种生吞活剥的主义;新思潮所以能自别于旧思想,只靠一点:只靠一种新的态度。这种态度,我们叫他做"评判的态度"。无论对于何种制度,何种信仰,何种疑难,一概不肯盲从,一概不肯武断,一概须要用冷静的眼光,搜求证据,搜求立论的根据,搜求解决的方法:这便是评判的态度。这种精神的有无,便是思想新旧的区别点。但这种精神的有无,是不靠口头和笔头的表现的。最可靠的试验是,当一种困难问题发生时,要能用这种评判的态度去应付解决。多少负盛名的个人与机关,都因禁不起这种试验而使人失望了。现在竟轮到浙江一师的头上了!

浙江一师受的试验,乃是一件"空前"——而且我们渴望他"绝后"——的惨剧,就是本年的毒案。这件案子太惨了;太出于寻常情理之外了;我们关心一师的人,都怕一师禁不住这种突现的,奇惨的试验。因为他太离奇了,所以有种种无稽的谣言起来:有人说,一师大门外弓弦形的新路造坏了；有人说，杭州有妖怪作祟；有人说，这是无政府党的恶谋。因为他太悲惨了，所以身受和旁观的人都忍不住感情的冲动，都自然想尽量表现感情方面的要求：于是有主张念经拜忏追荐死者的，有提议发给死者毕业文凭的，有过分苛责学校办事人的，有用煽动感情的态度来督促法庭的。一师的教职员和学生处这种奇惨奇难的境地，是很不容易的。一师居然能于短时期中恢复上课，居然能不为种种谣言所扰乱，居然能不参加种种迷信的举动，居然能至今还保存一种冷静的态度，静候法庭侦查审判的结果：这一次奇惨奇严的试验，一师至少可以说是及格的了！

我们现在对于一师，只有两种希望。第一，希望一师继续保持这种不武断不盲从的态度，来研究这件毒案。这案子若果能有水落石出的一日，谋杀的凶手若果能伏罪受刑，那自然是最好的事。但我们若能暂时离开报仇雪恨的态度，若能用犯罪心理学的眼光来观察这件案子，我们不能不疑心这件案子或者不能全靠法律，而或者须借助于病态心学。一餐饭的结果，毒死者二十四人，病而未死者一百九十一人，这是何等恶毒凶狠的事！最容易的解释，自然是"有意谋害"说。但我们在事过境迁之后，平心研察，总觉得这个解释很难成立；总觉得无论何种不共戴天的仇恨，总不能引起谋害二百三十几条人命的动机。所以我们从心理学上着想，总觉得这件案子可以有三个假设的解释：一是有意谋害，二是错误，三是病态心理。我们也是想罪人伏辜的，但我们渴望大家不要因为想报仇伸冤，就完全否认那其余两个假设的可能；更渴望大家不要因为感情上的刺激，而忘了"与其杀不辜，宁失不经"的古话！

第二，我们希望一师用评判的态度，来评判自己校内的制度，来谋学校的改革与进步。"盛名之下，其实难副"。一师在这个惨痛之中，总应该感觉盛名之不易处了。一师这三四年的内部组织，如注重学生自治，注重发展个性，注重选科等等，都带有试验的精神。他们试验的失败与成功，都未尝没有供教育家研究参考的价值。但这些制度，认为试验则可，认为定制则不可。一师经过这场惨案之后，得着无数从惨痛里出来的经验；若能利用这种经验来评判那些制度，定可发现他们的利病，因此又可以保存那有益的部分，而淘汰或改革那有弊的部分。况且这样的评判，不仅可施用于一校，还可施用于一切学校。例如学生膳食的问题，尤其是师范一类免费学校的膳食问题，在今日实有澈底研究改良的必要。倘能因一师的惨祸而使一省或一国的学校膳食问题，有一种澈底的改革，那岂不是不幸中的一件大幸事吗？古人骂人,"曲突徙薪无恩泽,焦头烂额为上客"。然而焦头烂额之后,我们若能从苦痛里感觉根本防患的必要,也可以算是不辜负这一场惨劫了。

十二、六、廿二　胡适在西湖新新旅馆作
（收入胡颂平编撰：《胡适之先生年谱长编初稿》第2册）

拜金主义

吴稚晖先生在今年5月底曾对我说:"适之先生,你千万再不要提倡那害人误国的国故整理了。现在最要紧的是要提倡一种纯粹的拜金主义。"

我因为个人兴趣上的关系,大概还不能完全抛弃国故的整理。但对于他说的拜金主义的提倡,我却表示二十四分的赞成。

拜金主义并没有什么深奥的教旨,吴稚晖先生在他的《一个新信仰的宇宙观与人生观》里,曾发挥过这种教义。简单说来,拜金主义只有三个信条:

第一,要自己能挣饭吃。

第二,不可抢别人的饭吃。

第三,要能想出法子来,开出生路来,叫别人有挣饭吃的机会。

《珠砂痣》里有一句说白:"原来银子是一件好宝贝"。这就是拜金主义的浅说。银子为什么是一件好宝贝呢?因为没有银子便是贫穷,贫穷便是一切罪恶的来源。《珠砂痣》里那个男子因为贫穷,便肯卖妻子,卖妻子便是一桩罪恶。你仔细想想,那一件罪恶不是由于贫穷的?小偷,大盗,扒儿手,绑票,卖娼,贪贼,卖国,那一件不是由于贫穷?

所以古人说:

> 衣食足而后知荣辱,
> 仓廪实而后知礼节。

这便是拜金主义的人生观。

一班瞎了眼睛,迷了心头孔的人,不知道人情是什么,偏要大骂西洋人,尤其是美国人,骂他们"崇拜大拉"(Worship the dollar)!你要知道,美国人因为崇拜大拉,所以已经做到了真正"夜不闭户,路不拾遗"的理想境界了。(几个大城市里自然还有罪恶,但乡间真能夜不闭户,路不拾遗是西洋的普遍现状。)

我们不配骂人崇拜大拉;请回头看看我们自己崇拜的是什么!

一个老太婆,背着一只竹箩,拿着一根铁扦,天天到弄堂里去扒垃圾堆，去寻找那垃圾堆里一个半个没有烧完的煤球，一寸两寸稀烂奇脏的破布。——这些人崇拜的是什么！

要知道，这种人连半个没有烧完的煤球也不肯放过，还能有什么"道德"，"牺牲"，"廉洁"，"路不拾遗"？

所以现今的要务是要充分提倡拜金主义，提倡人人要能挣饭吃。

上海青年会里的朋友们现在办了一种职业学校，要造成一些能自己挣饭吃的人才，这真是大做好事，功德无量。我想社会上一定有些假充道学的人，嫌这个学校的拜金气味太重，所以写这篇短文，预先替他们做点辩护。

十六，八，廿六

（原载1927年10月《文社月刊》第2卷第10册）

说 难

韩非作的《说难》,是"说之难"。我今天作的《说难》,是"难之说"。

今日的最大危机在于我们大家都不觉悟我们当前的问题是世界各国都不曾经过的最困难问题。因为不觉得问题困难,故不重视学术,故不重视专门人才,故不把国家大事当你〔作〕专门问题看,故不妨用纨绔子弟,腐败官僚,亲眷子弟去办国家大事。

今日所以把国事当作儿戏者,只因为大家都不肯承认当前问题的困难。

例如裁兵,便是一个绝大的专门技术的问题。当1917年美国加入欧战的时候,英国便知道大战结束的期近了,即组织专家委员会研究停战后裁兵的问题。次年停战之后,裁兵遂实行,二百万兵退伍回到职业去,居然不扰乱社会的安宁,这都是专家委员一年多的计划准备的成绩。

我们今年也听说要裁兵了。话刚说完,又听说某军某军已裁减完毕了,某军某军已缩编完毕了!这种神速的裁兵,真可叫那些欧战各国的专家委员惭愧死!

但我们问问究竟怎么样裁的?原来最优待的办法是每个兵士发八元五角钱,一件蓝布大褂。还有简便的方法便是遣散完事。还有更简便的方法便是包围缴械,强迫遣散。至于遣散的兵怎样回家乡,怎样生活,怎样不流落作土匪,……那些问题都可以不管了。这不是儿戏吗?

裁兵不过是随便举的一个例。此外如关税问题,考试问题,立法问题,审计问题,外交问题,卫生问题,……在我们书生看来,应该都是专门技术的难问题,而在我们的政府诸公看来,似乎都是很容易的事,随便什么人都干得了的。

所以当火夫出身的人可以办一省的财政;所以没有受过一点专门教育的人可以办一省的建设;所以没有进过大学的人,只要做过大官,都可以做大学校长!

我们今日的第一要务在于承认我们当前的问题是很困难的专门技术问题,不是几个老官僚解决得了的,也不是几个不学少年应付得了的;不是口号标语能解决的,也不是熟读《三民主义》就能解决的。

只要大家能明白当前问题的困难,便可以承认有些问题是要充分利用全国的专门人才的，有些问题竟是要充分延纳世界的专家的。

孙中山先生教我们"知难行易"的哲学，只是要我们服从领袖，尊重专家。知是难的，故是少数专家领袖的事。行是易的，只要能遵从专家领袖的指导，便可以努力做去。但现在的人似乎只记得下半句的"行易"，却忘了上半句的"知难"。

没有知难，便没有行易。

十七，十二，十四[1]
（收入耿云志主编：《胡适遗稿及秘藏书信》第12册）

---

[1] 编者注：据《胡适的日记》手稿本1928年12月14日，此文送天津《庸报》，但经编者查阅《庸报》，未见发表。

我们要我们的自由[1]

佛书里有这样一段神话：

有一只鹦鹉，飞过雪山，遇见雪山大火，他便飞到水上，垂下翅膀，沾了两翅的水，飞回去滴在火焰上。滴完了，他又飞去取了水回来救火。雪山的大神看他往来滴水救火，对他说道："你那翅膀上的几滴水怎么救得了这一山的大火呢？你歇歇罢？"鹦鹉回答道："我曾住过这山，现在见火烧山，心里有点不忍，所以尽一点力。"山神听了，感他的诚意，遂用神力把火救熄了。

---

[1] 编者按：据《胡适的日记》（手稿本）1929年3月25日，当日他为《平论周刊》作了一篇发刊辞，本文疑是这篇发刊辞。因《平论周刊》未出版故未正式发表。

我们现在创办这个刊物,也只因为我们骨头烧成灰毕竟都是中国人,在这个国家吃紧的关头,心里有点不忍,所以想尽一点力。我们的能力是很微弱的,我们要说的话也许是有错误的,但我们这一点不忍的心也许可以得着国人的同情和谅解。

近两年来,国人都感觉舆论的不自由。在"训政"的旗帜之下,在"维持共信"的口号之下,一切言论自由和出版自由都得受种种的箝制。异己便是反动,批评便是反革命。报纸的新闻和议论至今还受检查。稍不如意,轻的便停止邮寄,重的便遭封闭。所以今日全国之大,无一家报纸杂志敢于有翔实的记载或善意的批评。

负责任的舆论机关既被箝制了,民间的怨愤只有三条路可以发泄:一是秘密的传单小册子,二是匿名的杂志文字,三是今日最流行的小报。社会上没有翔实的新闻可读,人们自然愿意向小报中去寻快意的谣言了。善意的批评既然绝迹,自然只剩一些恶意的谩骂和丑诋了。

一个国家里没有纪实的新闻而只有快意的谣言,没有公正的批评而只有恶意的谩骂丑诋,——这是一个民族的大耻辱。这都是摧残言论出版自由的当然结果。

我们是爱自由的人,我们要我们的思想自由,言论自由,出版自由。

我们不用说，这几种自由是一国学术思想进步的必要条件，也是一国社会政治改善的必要条件。

我们现在要说，我们深深感觉国家前途的危险，所以不忍放弃我们的思想言论的自由。

我们的政府至今还在一班没有现代学识没有现代训练的军人政客的手里。这是不可讳的事实。这个政府，在名义上，应该受一个政党的监督指导。但党的各级机关大都在一班没有现代学识没有现代训练的少年党人手里，他们能贴标语，能喊口号，而不足以监督指导一个现代的国家。这也是不可讳的事实。所以在事实上，党不但不能行使监督指导之权，还往往受政府的支配。最近开会的"第三次全国代表大会"，便有百分之七八十的代表是政府指派或圈定的。所以在事实上，这个政府是绝对的，是没有监督指导的机关的。

以一班没有现代知识训练的人统治一个几乎完全没有现代设备的国家，而丝毫没有监督指导的机关，——这是中国当前的最大危机。

我们所以要争我们的思想言论出版的自由，第一，是要想尽我们的微薄能力，以中国国民的资格，对于国家社会的问题作善意的批评和积极的讨论，尽一点指导监督的天职；第二，是要借此提倡一点新风气，引起国内的学者注意国家社会的问题,大家起来做政府和政党的指导监督。

我们深信,不负责任的秘密传单或匿名文字都不是争自由的正当方法。我们所争的不是匿名文字或秘密传单的自由,乃是公开的,负责任的言论著述出版的自由。

我们深信,争自由的方法在于负责任的人说负责任的话。

我们办这个刊物的目的便是以负责任的人对社会国家的问题说负责任的话。我们用自己的真姓名发表自己良心上要说的话。有谁不赞成我们的主张,尽可以讨论,尽可以批评,也尽可以提起法律上的控诉。但我们不受任何方面的非法干涉。

这是我们的根本态度。

(收入耿云志主编:《胡适遗稿及秘藏书信》第12册)

我们对于政治的主张

我们都没有党籍，也都没有政治派别。我们的唯一目的是对国家尽一点忠心。所以我们的政治主张不用任何党义作出发点。我们的出发点是中国的实在需要，我们的根据是中国的实在情形。

我们不想组织政党，不想取什么政党而代之，故对现在已得中国政治权的国民党，我们只有善意的期望与善意的批评。我们期望它努力做的好。因为我们期望它做的好，故愿意时时批评它的主张，组织，和实际的行为。批评的目的是希望它自身改善。

我们对于今日的"党"和"政"的关系，认为太不分明，实际上行不通。我们以为今日应该明白规定党的权限是"政权"，政府的权限是"治权"（这是借用孙中山分别"政权"和"治权"的主张）。治权是执行政务之权，政权是监督行政之权。

换句话说，我们主张，党的地位应该同民治国家的议会相仿，只有在一定的法律范围之内，依法定的手续，可以监督行政。过此范围的干涉便为非法。中央党部便等于中央议会，省党部便等于省议会，地方区党部便等于区议会，——都应该有明白规定的权限和手续。

我们以为今日党的机关糜费太多，不是我们这个穷国家所能担负的。故党员的党费（每月二角）应严格征收，充作各级党部的经常费用。党的机关应大加裁减，以免浪费。

我们以为现行的政府组织，名为五权并立，其实只是行政一权。立法、司法、考试、监察，若不能独立，便不能行使他们的职权。所以我们主张：行政院的地位应提高，作为政府。

立法院应独立，成为全国的法制编纂院。向来民治国家的议会所有的监督政府的种种权力，既有党部代行了，故立法院只执掌纯粹立法的任务。

司法院应独立，成为最高的法院。

监察院应绝对独立，监察院及其附属机关的人员不得兼任行政职务，也不得兼任党部职务。监察院应该监察政府，也应该监察党部。

考试院应该绝对独立，考试院及其附属机关的人员不得兼任行政或党部的职务。

我们深信，若监察与考试两种制度能严格地施行，政治的清明还可以有望。但这两种制度的施行，须要有下列两个条件：

(1) 监察机关绝对独立，不受党及行政机关的牵掣。

(2) 考试制度之下，只论人才，不限党籍。专制帝政之下，假使皇帝姓朱，却不限定天下士子先改姓朱，然后来投考。今制定考试新制，若限定党员方可投考，便是根本打销考试用人的原意了。

我们深信，今日军费占全国收入的百分的九十二（据三全大会的财政部报告），是亡国的现象。我们深信，本年编遣会议的裁兵计划是很不澈底的。我们主张，澈底裁兵，不可假借"国防"的名义，保留现有的军队。除必要的警备队外，全国军队均应分期裁遣。

我们深信，今日绝对谈不到军事上的国防。去年山东境内有二十万大兵，而不敢同三千日本兵作战，这个教训不够令我们深思吗？今日能修明内政，发展交通，运用外交，那便是真正的国防。我们若靠军队防卫国家，中国早已亡了！故今日有人借"国防"的名义保留军队，都只是拥兵自卫的托辞。

我们对于国家的组织，主张联邦式的统一国家。

（收入耿云志主编：《胡适遗稿及秘藏书信》第12册）

思想革命与思想自由

建设时期中最根本的需要是思想革命,没有思想革命,则一切建设皆无从谈起。而要完成思想革命,第一步即须予人民以思想的自由。

诸君或者要想:题目的本旨是建设,而你却谈思想革命,这未免太矛盾了。实则建设与革命,皆除旧布新之谓,无建设不是革命,无革命不能建设,思想革命与建设的本旨是并不违反的。

思想何以须革命呢?

(一)因为中国的传统思想,有许多不合于现代的需要,非把它铲除不可。

(二)因为传统的思想方法和思想习惯亦不合于现代的需要,非把它改革不可。

中国古来思想之最不适合于现代的环境的,就是崇尚自然。这种思想，历经老、庄、儒、释、道等之提倡，已经根深蒂固，成为中国人的传统思想。现在把它分析起来，则有下列几项：

（一）无为　老庄等皆主清净无为，以为自然比人为好，即儒家亦有此种倾向，如说"夫何言哉。四时行焉，百物生焉"。然而这种思想，却与现代环境的需要相反背，我们所需要的是：[1]

（二）无治　现在的社会需要法律和纪律，而老庄之流则提倡无政府的思想，一切听诸自然。这种思想影响人民的生活者很深，驯致养成"各人自扫门前雪，莫管他人瓦上霜"的态度。

（三）高谈性理　现在的人们需要征服自然，而传统思想，则令吾人听天由命，服从自然的摆布。

（四）无思无虑　惟有思虑，然后有新智识，传统思想则令吾人减少思虑，以不求知为大智，因此科学遂无由发达。

（五）不争不辩　现在的环境，需要人人参与政治，敢于发表舆论，主张公理。传统思想则令吾人得过且过，忘怀一切。"此亦一是非，彼亦一是非"，无所用其争辩。以实行唾面自干，为无上的美德。这种思想与时代精神根本不能相容。

---

[1] 编者注：此处原文如此。

(六)知足　不知足乃进步之母,崇拜自然者叫人随遇而安,断了腿,失了臂,也听其自然,这样社会还有进步的可能吗?

以上几种传统思想,与现在中国的环境根本上不相容,故需要思想革命以铲除之。至于传统的思想方法和习惯,也有很多不合现代需要的地方:

(一)镜子式的思想　"寂然不动,感而遂通",自己不用力,物来则顺应之,这样可谓镜子式的思想。其流弊便是不求甚解,不加深思,只会拾人牙慧,随声附和。

(二)根本上不思想　思想所以解决问题,须要搜集材料,寻求证据,提出反证,再加上分析试验的工夫,是何等的难。然而从前的思想方法,并没有这些步骤,根本上竟是不思想,因此学术不能猛进。

(三)高谈主义而不研究　当此世界各种思想杂然繁兴的时候,国人的思想方法,仍沿旧时的习惯,于是发生种种不良的现象,人家经多年的研究,经几次的修正,始成立一种学说,一种主义,到了我国,便被人生吞活剥,提出几个标语口号,便胡行妄为起来。即以社会思想为例,各国的社会主义者,都研究本国经济发展的过程,社会上种种制度的沿革,以寻求一个改良的方案。返观我国一般人肯这样潜心研究的有几人呢。

（四）要纠正前述的弊病，今后必须尊重专家，延请专家去顾问政治，解决难题；没有专门研究的人，不配担负国家和社会的重要责任。从前袁世凯废止科举，把我国千余年来仅有的一种用人标准根本推翻了。他不想到改良考试的标准，而贸然把考试制度的本身推翻，弄得现在没有一种用人的标准，都是不深思之过。

现在要讲思想自由了从前的弊端既在于不思想，或没有深的思想，那末纠正之道便是思想之，而思想自由就是鼓励思想的最好方法。无论古今中外，凡思想可以自由发表，言论不受限制的时候，学术就能进步，社会就能向上，反之则学术必要晦塞，社会必要退化。现在中国事事有待于建设，对于思想应当竭力鼓励之，决不可加以压抑。因为今日没有思想的自由，结果就没有真正的思想，有之则为：（一）谄媚阿谀的思想，（二）牢骚怨愤的思想。这两种思想，是只能破坏，不能建设的。

总之，思想如同技术，非经过锻炼不可，没有思想自由，就没有思想革命，没有思想革命，就无从建设一切，就〔即〕使有了建设，也只是建在沙土之上，决无永久存在之理。

（收入王维骃编《近代名人言论集》，1932年1月中外学术研究社出版）

宪政问题

最近几个月之中，宪政的运动颇有进展。国难会议开会之前，多数非国民党的会员都表示赞成早日结束训政，实行宪政。政府与国民党的领袖对于这一点颇多疑虑，所以把"内政"一类问题不列入国难会议讨论范围之内。许多会员因此不愿意赴会。然而国难会议开会时，居然也有一个"内政改革案"的产生与通过，决定于本年10月10日以前成立国民代表大会，由各大都市职业团体及各省区地方人民选出代表三百人以上组成之。

不久政府依据去年12月底国民党四中全会的决议案，通过了市参议会与县参议会的组织法。

住在上海的孙科先生于4月24日发表他的抗日救国纲领，其中主要的主张是（一）于本年10月由立法院起草宪法草案；（二）明年4月召开国民代表大会，议决宪法，决定颁布日期；(三)全国人民在不危害中华民国不违反三民主义之原则下，皆得自由组织政治团体，参加政治；(四)于本年10月召集各省省民代表会。

此外还有民选立法院和监察院委员各半数的办法，听说政府拟有草案，正在审查中了。孙科先生则主张立法和监察两院的委员都由国民代表大会选举。

住在香港的胡汉民先生近来也屡次发表谈话，表示他赞成宪政的实行。并且赞成党外可以有党了。

我们考察这些主张，可以说，这些主张无论内容有多大的出入，都可以表示宪政运动的开始进展。其中最大的异点，约有这些：

第一，政府派不主张缩短训政年限，要到民国二十四年才算训政结束；而在野派(包括暂时在野的孙科先生们)则主张提早宪政的开始。其实这一点不成多大问题。如果在这两年半之中，政府和人民都能积极准备宪政的施行，如果训政的目的是(如汪精卫先生去年12月10日说的)"在训练民众行使政权"。——那么，两年半的光阴也许是值得的。如果训政的延长只是为了保持政治饭碗，畏惧人民参政，执政权而不能做点治国利民的事业，号称训政而所行所为都不足为训，——那么，训政多延一日只是为当国的政党多造一日的罪孽而已。

第二，政府派（包括国难会议中通过提出政治改革案的先生们）虽然勉强承认民意机关的必要，而处处缩小民意机关的权限。如国难会议原案的国民代表大会，只有议决预算决算，国债，重要国际条约的三项职权。反之，在野派如孙科先生则主张国民代表大会有很大的权限，为"代表中华民国国民统治国家之最高权力机关，不受解散及任何之干涉"。这一点是值得讨论的。替国难会议原案辩护的梅思平先生（在《时代公论》第六号）说："我们从过去北京时代国会的经验看起来，知道在初行民治的国家，议会的权力越大，他的腐化也越容易。"历史是可以有种种看法的。我们研究民国初年国会的历史，也可以说：在初行民治的国家，如果解散国会之权在行政首领手里，议会政治是不够制裁那反民治的恶势力的。梅思平先生指出"质问，查办，弹劾诸权，都变成敲竹杠的利器；官吏任命的同意权，简直是纳贿的好机会"。梅先生何不进一步说：预算决算和国债的议决权更是敲竹杠和纳贿的好机会？敲财政部的竹杠，岂不更肥？如此说来，还是爽性不要议会为妙！

奇怪，在这个宪政问题刚开始进展的时候，悲观的论调早已起来了。在《时代公论》第六号，我们得读何浩若先生

的《不关重要的国民代表会》一文,根本怀疑民主政治的功用。他的结论是:

> 民主政治便是资产阶级的政治,便是保护有产阶级而压迫贫苦民众的政治。……
> 建国首要在民生;舍民生而谈民主,便是舍本求末。

在《国闻周报》第九卷十八期上,我们得读季廉先生的《宪政能救中国?》一文,也是根本怀疑宪政的,他说,实行宪政必须具备三个条件:(一)教育进步,(二)交通发达,(三)政风良好。因为中国没有这三个条件,宪政是无望的。况且宪政论的根本立场就不甚健全,因为

> 第一,从理论上言,议会政治是资本主义的产物,现在资本主义早踏上没落的阶段,议会政治更破绽毕露了。
> 第二,从事实上言,英美的民主政治并不足取法。
> 第三,从中国需要上言,宪政不能解决目前困难如"土皇帝"及共产党等等。
> 第四,为立国久远计,我们不应拾资本主义的唾余,我们应该采用"社会主义的政治制度"。

这种议论都不是在短评里所能讨论的。我们只想在这里提出几个问题，作这种讨论的引子：

第一，我们要明白宪政和议会政治都只是政治制度的一种方式，不是资产阶级所能专有，也不是专为资本主义而设的。在历史的过程上，议会政治确曾作过中产阶级向独裁君主作战的武器，但现今各国的普遍选举权实行后，也曾屡次有工党代表因议会政治而得掌握政权。近百年来所有保障农工和制裁资产阶级的种种"社会立法"，也都从议会里产生出来。一种政治制度就好比一辆汽车，全靠谁来驾驶，也全靠为什么目的来驾驶。我们不因为汽车是资本主义的产物而就不用汽车，也不应该用"议会政治是资本主义的产物"一类的话来抹煞议会政治。

第二，议会政治与宪政不是反对"民生"的东西，也不是和季廉先生所谓"社会主义的政治制度"不相容的东西。"社会主义的政治制度"难道只有无产阶级专政的一种方式？如果只有这一种方式，那么，不信中国可行宪政的先生们，难道以为中国已具备无产阶级专政的种种条件了吗？

第三，我们不信"宪政能救中国"，但我们深信宪政是引中国政治上轨道的一个较好的方法。宪政论无甚玄秘，只是政治必须依据法律，和政府对于人民应负责任，两个原则而已。议会政治只是人民举代表来办政治的制度而已。今日之土皇帝固然难制裁,但党不能制裁土皇帝,政府不能制裁土皇帝,我们何妨试试人民代表的制裁能力呢?当倪嗣冲、马联甲盘踞安徽的时代,一个很腐败的省议会,居然能反抗盐斤加价,居然能使安徽全省人民不增加一个钱的负担。现在堂堂党国之下,有谁能制裁我们的绥靖主任呢!季廉先生举出最近1月20日何应钦部长提议削减各军经费,22日便有各军驻京七十二军事机关代表齐赴军部请愿,要求维持原案。季廉先生何不想想,那七十二个军事机关都有驻京代表在那里替他们七十二位土皇帝争权利,我们四万万五千万的老百姓受了无穷的冤屈,不应该请几位国民代表去说说话,伸伸冤吗?难道我们应该袖手坐待季廉先生说的"那应运而生的政治集团"起来,才有救星吗?

1932,5,16

(原载1932年5月22日《独立评论》第1号)

民权的保障

前几天在中国民权保障同盟北平分会的席上，杨杏佛先生说了一句很沉痛的话："争民权的保障是十八世纪的事；不幸我们中国人活在二十世纪里还不能不做这种十八世纪的工作。"

先进的民族得着的民权，不是君主钦赐的，也不是法律授予的；是无数的先知先觉奋斗力争来的，是用血写在法律条文上去的，是时时刻刻靠着无数人的监督才保障得住的。没有长期的自觉的奋斗，决不会有法律规定的权利；有了法律授予的权利，若没有养成严重监护自己的权利的习惯，那些权利还不过是法律上的空文。法律只能规定我们的权利，决不能保障我们的权利。权利的保障全靠个人自己养成不肯放弃权利的好习惯。

"权利"一个名词是近三十多年来渐渐通用的一个新名

词。当这个名词初输入的时代，梁任公先生等屡作论文，指出中国人向来缺乏权利思想，指出中国人必须提倡这种权利思想。其实"权利"的本义只是一个人所应有，其正确的翻译应该是"义权"，后来才变成法律给予个人所应享有的"权利"。中国古代思想也未尝没有这种"义权"的观念。孟子说的最明白：

> 非其义也，非其道也，一介不以与人，一介不以取诸人。

这正是"权利"的意义。"一介不以与人"是尊重自己所应有；"一介不以取诸人"是尊重他人所应有。推而广之，孟子所谓"富贵不能淫，贫贱不能移，威武不能屈"也正是个人自尊其所应有，自行其所谓是。孔墨两家都还有这种气概。但柔道之教训，以随顺不争"犯而不校"为处世之道，以"吃亏"为积德之基，风气既成，就无人肯自卫其所应有，亦无人肯与强有力者争持其所谓是。梁先生们所谓中国人无权利思想，只是这种不争不校的风气造成的习惯。在这种习惯支配之下，就有了法律规定的人权民权，人民也不会享用，不会爱护的。

然而普通人的知识和能力究竟有限，我们不能期望人人都懂得自己的权利是些什么，也不能期望人人都能够监护自己的权利。中国人所以不爱护权利，不但是长久受了不争与吃亏的宗教与思想的影响，其中还有一个更重要的原因，就是中国的法制演进史上缺乏了一个法律辩护士的职业。我们的老祖宗只知道崇拜包龙图式的清官，却不曾提倡一个律师职业出来做人民权利的保护者。除了王安石一流远见的政治家之外，多数儒生都不肯承认法律是应该列为学校科目的。士大夫不学法律，所以法律刑名的专家学识都落在一种受社会轻视的阶级的手里，至高的不过为刑名师爷，下流的便成了讼棍状师。刑名师爷是帮助官府断案的；人民的辩护还得倚赖自己，状师讼棍都不能出面辩护，至多不过替人民写状子，在黑影子里"把案"而已。我们看《四进士》戏里讼师宋士杰替他的干女儿打官司，状子是按院大人代写的，是宋士杰出庭代诉的，还几乎完全败诉了，我们看这戏的用意，可以想见我们的老祖宗到了近代也未尝不感觉到法律辩护士的需要。但《四进士》的编著者是个无名的天才，他的见解完全不能代表中国的一般社会。普通人民都只知道讼棍是惹不得的，宋士杰是人间少有的，同包龙图一样的不易得。所以他们只希望终身不入公门，不上公堂；上了公堂，他们只准备遭殃，丝毫没有抵挡，没有保障。好胜是天性，而肯吃亏是反人情。中国人的肯吃亏、不好讼，未必是宗教与哲学造成的,绝大的造因是因为几千年来没有保护人民权利的律师阶级。

西洋人的权利思想的发达同他们的宗教信条正相反。基督教的教主也是教人不抵抗强权的:"有人打你的左脸,你把右脸也给他打。"然而基督教的信条终久不能埋没罗马人提倡法律的精神。罗马不但遗留下了《罗马法典》,更重要的是她遗留下的法学与辩护制度。士大夫肯终身研究法律,肯出力替人民打官司;肯承认法律辩护是高尚的职业,而替人伸冤昭枉是光荣的功绩,——有了这种风气和制度,然后人民有权利可说。我们不要忘了:中古欧洲遗留下的最古的大学,第一个(Salerno)是医科大学,第二个(Bologna)就是法科大学,第三个(巴黎)才是神科大学。我们的士大夫是"读书万卷不读律"的,不读律,所以没有辩护士,只能有讼棍:讼棍是不能保障人民权利的。

中国人提倡权利思想的日子太浅,中国有法律教育的日子更浅,中国有律师公开辩护的日子又更浅了,所以什么约法和宪法里规定的人民权利都还是一些空文,军人官吏固然不知道尊重民权,人民自己也不知道怎样享用保护自己的权利。到了权利受损害的时候,人民只知道手忙脚乱的去走门路,托人情,行贿赂;却不肯走那条正当的法律的大路。直到近几年中,政治的冲突到了很紧张的地步,一面是当国的政党用权力制裁全国的舆论，不容许异党异派的存在，一面是不满意于现政权的各种政治势力，从善意的批评家到武装反抗的革命党派。在这个多方面的政治冲突里，现政权为维护自身的权力计，自然不恤用种种高压方法来制裁反对势力，其间确有许多过当的行为，如秘密军法审判的滥用，如死刑之滥用，如拘捕之众多与监狱生活之黑暗，都足以造成一种恐怖的心理。在这种政治势力的冲突之下，尤其在现政权用全力制裁武装反抗的政治势力的情形之下，一切情面门路友谊种种老法子在这里都行不通了。直到这个时候，才有人渐渐感觉到民权保障的需要。民权保障的运动发生于今日，正是因为今日是中国政治的分野最分明，冲突最利害的时候。我们看上海发起这个运动的宣言特别注重"国内政治犯之释放与非法的拘禁酷刑及杀戮之废除"，就可以明白这个历史背景了。

我是赞成这个民权保障运动的。我承认这是我们中国人从实际生活里感觉到保障权利的需要的起点。从这个幼稚的起点，也许可以渐渐训练我们养成一点爱护自己权利并且尊重别人权利的习惯，渐渐训练我们自己做成一个爱护自己所应有又敢抗争自己所谓是的民族。要做到这种目的，中国的民权保障运动必须要建筑在法律的基础之上，一面要监督政府尊重法律，一面要训练我们自己运用法律来保障我们自己和别人的法定权利。

但我们观察今日参加这个民权保障运动的人的言论，不能不感觉他们似乎犯了一个大毛病，就是把民权保障的问题完全看作政治的问题，而不肯看作法律的问题。这是错的。只有站在法律的立场上来谋民权的保障，才可以把政治引上法治的路。只有法治是永久而普遍的民权保障。离开了法律来谈民权的保障，就成了"公有公的道理，婆有婆的道理"，永远成了个缠夹二先生，永远没有出路。前日报载同盟的总会宣言有要求"立即无条件的释放一切政治犯"的话，这正是一个好例子。这不是保障民权，这是对一个政府要求革命的自由权。一个政府要存在，自然不能不制裁一切推翻政府或反抗政府的行动。向政府要求革命的自由权，岂不是与虎谋皮？谋虎皮的人，应该准备被虎咬，这是作政治运动的人自身应该的责任。

我们以为这条路是错的。我们赞成民权应有保障，但是我们以为民权的唯一保障是法治。我们只可以主张，在现行法律之下，政治犯也应该受正当的法律保障。我们对于这一点，可以提出四个工作的原则：

第一，我们可以要求，无论何种政治犯，必须有充分证据，方可由合法机关出拘捕状拘捕。诬告的人，证实之后，必须反坐。

第二，我们可以要求，无论何种政治犯，拘捕之后，必须依照约法第八条，于二十四小时之内送交正式法庭。

第三，我们可以要求，法庭受理时，凡有证据足以起诉者，应即予起诉，由法庭公开审判；凡无犯罪证据者，应即予开释。

第四，我们可以要求，政治犯由法庭判决之后，应与他种犯人同受在可能范围之内最人道的待遇。

这都是关于政治犯的法律立场。离开了这个立场，我们只可以去革命，但不算是做民权保障运动。

以上所说，不过是举政治犯一个问题做个例，表示我个人对于这个运动的见解。除了政治犯之外，民权保障同盟可以做的事情多着哩。如现行法律的研究，司法行政的调查，一切障碍民权的法令的废止或修改，一切监狱生活的调查与改良，义务的法律辩护的便利，言论出版学术思想以及集会结社的自由的提倡，……这都是我们可以努力的方向。

二二，二，七

（原载1933年2月19日《独立评论》第38号）

制宪不如守法

立法院的宪法草案委员会上月通过了《缩短宪法草案起草工作程序》案,其程序如下:

(一)研究时期4月1日至4月30日

(二)初稿时期5月1日至6月30日

(三)本会讨论时期7月1日至7月15日

(四)公开评论时期7月16日至8月15日

(五)再稿时期8月16日至8月31日

(六)大会讨论时期9月1日至9月15日

这回的宪法草案起草工作需时半年之久,并且公开的征求全国国民的研究与批评,这样的慎重从事,比前年的约法起草与通过时的潦草,自然大不相同了。然而我们观察全国舆论,总不免感觉得全国人对于这回的制宪事业还是很冷淡的,很不注意的。这是为了什么缘故呢?

现在宪法草案的"原则"十二项已陆续通过发表了。起草的程序已到了"初稿"的时期了。然而我们观察全国的舆论对于这件事还是很冷淡的，还是很不关心的。这是什么缘故呢？

我们猜想，全国对于这回制宪工作的冷淡，其原因有偶然的，也有根本的。偶然的原因是在这国难严重的时期，大家的注意都在中日的问题，所以制宪事业在一般人的心目中反成了一种不紧急的点缀了。

除了偶然的原因之外，还有一个更根本的原因：这就是人民对于宪法的效能的根本怀疑。我们读了报上用五号或六号小字登载的宪法草案委员会的新闻，或读了他们征求意见的广告，总不免微微苦笑，自己问道："有了新宪法，能执行吗？这还不是和民国元年临时约法以来的许多种宪法同样的添一大堆废纸吗？现今不是已有了一部《训政时期约法》吗？有了和没有，有什么不同呢？那一部八十九条的约法，究竟行了几条没有呢？"

这种对于宪法的根本不信任，是今日大家不注意这回的制宪事业的根本原因。而这种根本不信任，完全是政府自身造成的。我们试分析人民为什么这样不信任国家的根本法，可以得着几种有益的教训：

第一，官吏军人党部自身不愿守法，所以使人民不信任法律。凡官吏军人党部感觉于他们不方便的法律，他们都不愿遵守。例如《训政约法》第六十二条规定中央应以法律限制各种有弊害之课税，然而在中央权力直辖省分的鸦片特税，如皖北的烟亩捐，如江苏的鸦片公卖，中央可曾有制裁的决心吗？又如《训政约法》的原草案第四十二条本规定"人民除依戒严法所规定外，不受军法审判"，这条文本来很妥善；但后来改成了"人民除现役军人外，非依法律，不受军事审判"（《约法》第九条），这一改把"除戒严法所规定外"改成了"非依法律"，就把种种绝不应该存在的单行法（如《危害民国紧急治罪法》等）都保留下来了！军人官吏党部觉得这种单行法于他们最方便，所以他们不惜牺牲根本法来保留那些于他们有利的单行法。又如《约法》草案第二十九条本规定"凡逮捕拘留人民之命令，除现行犯外，限于法院"；但后来的《约法》删去了此条，也只为党部官吏军人都感觉这种规定于他们的权威大有妨碍。又如《约法》第八条明明规定"人民因犯罪嫌疑被逮捕拘禁者，其执行逮捕或拘禁之机关至迟于二十四小时内移送审判机关审问（草案原作'提交法院审问'！）"。《约法》颁布至今，恰恰满两年了，试问这一条约法有一次实行过吗？——官吏军人党部自己不愿守法，故不但不许那些于他们不便的条文列入国家的根本法，并且肆无忌惮的违背里〔了〕根本法内已有明文的规定！这样有法等于无法，何怪人民不信任宪法呢？

第二，政府立法之先就没有打算实行，所以立了许多纸上具文，使人民失去对法律的信仰。《训政约法》中的"国民生计"、"国民教育"两章，就是最好的例子。如第五十条"已达学龄之儿童，应一律受义务教育"；第五十一条"未受义务教育之人民，应一律受成年补习教育"。此种条文，岂不好看好听？然而政府立法时何尝打算实行呢？立法至今又何尝准备实行呢？法律的灵魂在于执行；故商鞅变法之先有移木之令，使人民相信他的法令是要执行的。凡多立不行的法律，必使人民轻视法律本身的效能。《约法》八十九条之中，不准备实行的空文居其半数，何怪人民对国家根本法没有信任心呢？

第三，宪法中列举的条文总是空泛的原则，若没有附加的详细施行手续，就都成了无效力的具文，这也是中国的根本法不能得人民信仰的一个根本理由。试举《约法》六十二条的课税限制为例：空泛的说"妨害社会公共利益"的课税应由中央裁制，有何用处？要使这一条生效力，必须有明白禁止鸦片烟的亩捐，吸捐，营业捐等等的详细手续法。此外如同一条所载的"复税"、"妨害中央收入来源"等项，也都必须有详细执行制裁的手续。宋子文财长近年在中央直辖各省推行卷烟等税，其所以有实效者，全靠中央一面能担保各省的收入，一面又严格的担保商家如有被地方政府复征之税概由中央偿还。若无此种详细执行的手续，虽有宪法的条文也决不会得人民的信任。课税如此，其他如教育，如人民权利，都是如此。宪法上尽管规定"中央及地方应宽筹教育上必需之经费，其依法独立之经费并予以保障"，但政府若无教育经费的具体办法，若无切实保障种种教育基金的具体手续，那么，本来独立的教育经费，如清华大学基金，如中华教育文化基金，尚且可以随时受侵害，何况那本来不固定的国家与地方教育经费呢？又如《约法》第八条规定的"人民因犯罪嫌疑被逮捕拘禁者……本人或他人并得请求于二十四小时内提审"。此种"提审"手续，至今没有规定颁布，不但人民不知道如何运用，法院也从来不曾办过，谁也不知道此种"提审状"是什么样子。此时即使有人依据《约法》向法院请求提审，法院就根本没有"提审令"一类的东西！此种无施行手续的空泛条文，是无法执行的。有法而无法执行，又何怪人民对法律不生信任心呢？

以上所说，都要指出人民何以对国家根本法绝不生信仰。此种状态若无法改进，虽有最完美的宪法条文，终不过与《天坛宪法》、《训政约法》等同其命运！

所以我们希望政府明白这种很明显的事实。此时未尝不可制宪，但制宪之先，政府应该要在事实上表示守法的榜样，养成守法的习惯，间接的养成人民信任法律的心理。这才是宪政的预备。宪政的预备不在雇人起草，不在征求讨论，而在实行法律。与其请吴经熊先生们另起新花样的宪法草案，不如请他们先研究研究现在已有的各种法律，看看有多少种法令是应该立刻废止的（如《危害民国紧急治罪法》等）；看看有那些法律是从来没有执行的；看看有多少种法律是必须编制施行细则方才可以施行的；看看有什么法子可以教官吏军人党部多懂一点法律，多守一点法律。

总而言之，制宪不如守法。守法是制宪事业的真正准备工作。

1933，5，8

（原载1933年5月14日《独立评论》第50号）

建国问题引论[1]

前几天，孟心史先生来谈，他说："现在人人都说中国应该现代化，究竟什么叫做'现代化'？"我们谈论之后，他回去就写了一篇很有风趣又很有见地的长文，题为"现代化与先务急"（登在本期）。他嫌"现代化"太笼统，不如中国老话"当务之为急"。他引孟子的话"尧舜之知而不遍物，急先务也"，说"急先务"就是"自审于国之所当行者即行之"。他说，用"急先务"作标准，"则先决之问题亦必即为所急之先务矣"。

"现代化"的问题，在本年七月的《申报月刊》上曾有很多位学者参加讨论，论文有二十六篇之多，文字约有十

---

[1] 编者按：此文前登有一《独立评论社启事》："《独立评论》自第七十六期起复由胡适之先生担任编辑。他的通信住址是：北平米粮库四号。"

字。我们读了这二十六篇现代化的讨论，真不免要和孟先生表同情：这些论文好像是彼此相互打消，一方面说，"使中国现代化，最急需的是在整个地实行社会主义的统制经济和集体生产"（罗吟圃先生的论文，页三三）；一方面也有人说"中国生产之现代化应采个人主义"，"欲使中国现代化，以采用私人资本主义为宜"（唐庆增先生的论文，页六二）；同时又有人说，"中国不是单纯的资本主义社会，所以不需要社会主义革命；它也不是单纯的封建主义社会，所以不需要欧美式的资本主义化；它仅是介于两者中间的复式社会，很可以而且需要采取非资本主义的路线"（董之学先生的论文，页五八）。我们看了这十万字的讨论，真有点像戏台上的潘老丈说的："你说了，我更糊涂了。"这种讨论所以没有结果，正因为一说到"现代化"，我们不能不先问问"现代"是什么，我们要化成那一种现代？这就是孟先生说的："必有一形成之现代，而后从而化之"。那个"形成的现代"是什么呢？1917年以前的欧美是不是已够不上"现代"的尊称了？1917年以来的苏俄是不是"形成了的现代"呢？

在《申报月刊》的讨论上，又有吴泽霖先生的论文（页九），对于"中国现代化"的问题发生根本的疑问。他说：

> 文化是一个错误尝试的过程，中古式的文化当然是

走错的歧路,"现代"式的文化也未免不是一条塞底的胡同。人类真正的出路,现在正还在摸索着。

但他又说:

我们以为中国现在所迫切需要的,不是已告失败的现代化,乃是正在萌芽的社会化。现代的物质文明当然为这种新文化所拥护而维持的;现代的精神蛮性(Spiritual Barbarism)却是它改造的目标。在物质生活方面,当然仍旧尽量应用科学,它更将进一步的把科学加以人化(Humanization)。

如此说来,我们此时还没有法子寻得一个"形成之现代"做我们现代化的目标。我们至多只能指着一个"正在萌芽的社会化"做我们的理想境界。

这种迟疑,这种种的矛盾,都是历史演变的结果。在三十年前,主张"维新"的人,即是当日主张现代化的人,对于所谓"新",决没有我们今日这样的迟疑与矛盾。当日虽然也有君主立宪与民主共和的争论,但在他们的想像中的西洋文明,却没有多大的疑义。试读梁任公先生的《新民说》,他那样热烈提倡的新民的新德性,如独立,自由，自治，自尊，自立，冒险，进步，尚武，爱国，权利思想，……无一项不是那十九世纪的安格鲁撒克逊民族最自夸的德性。那时代的中国知识界的理想的西洋文明，只是所谓维多利亚时代的西欧文明：精神是爱自由的个人主义，生产方法是私人资本主义，政治组织是英国遗风的代议政治。当时的知识领袖对于西洋文明的认识本来还没有多大异义，所以当时能有梁先生那样热烈的，专一的信仰崇拜。然而在西洋各国，早已有怀疑的呼声起来了。社会主义的理论与实际运动早已起于欧洲，那十八十九两世纪的个人主义的风气早已招致很严厉的批评了。梁启超先生还不曾受到此种反个人主义的熏染，另一位中国领袖孙中山先生却已从亨利·乔治（Henry George）的著作里得着此种社会化的理论了。欧战以后，苏俄的共产革命震动了全世界人的视听；最近十年中苏俄建设的成绩更引起了全世界人的注意。于是马克斯列宁一派的思想就成了世间最新鲜动人的思潮，其结果就成了"一切价值的重行估定"：个人主义的光芒远不如社会主义的光耀动人了；个人财产神圣的理论远不如共产及计划经济的时髦了；世界企羡的英国议会政治也被诋毁为资本主义的副产制度了。凡是维多利亚时代最夸耀的西欧文明，在这种新估计里，都变成了犯罪的，带血腥的污赃了。因为西洋文明本身的估价已有了绝不同的看法，所以"新"与"现代"也就都成了争论的问题了。中国的多数青年,本来就不曾领会得十九世纪西洋文明有什么永久的价值;现在听见西方有人出头攻击西欧文明,而且攻击的论调又恰恰投合中国向来重农抑商的传统思想,不知不觉之中,最容易囫囵吞下去;所以不上十五年,中国青年人的议论就几乎全倾向于抹煞1917年以前的西洋文明了。有些人自然是真心信仰苏俄的伟大的,艰苦卓绝的大试验的。有些人却不免有吠声之犬的嫌疑,因为他们绝不曾梦想到西欧文明与美国文明是什么样子。然而无论如何,中国人经过了这十五年的思想上的大变化,文化评判上的大翻案,再也不会回到《新民丛报》时代那样无异议的歌颂维多利亚时代的西洋文明了。今日国内人士对于"现代化"的迟疑与矛盾,都只是这十几年来文化翻案的当然结果。

我们要的现代文化究竟是什么,这个问题在今日已成了很不容易解答的了。因此,"现代化"差不多只是一种很广泛的空谈,至今还没有确定的界说。既不能明定现代的目标,自然不能有一致的步骤与程序。不但如此,大家对于"现代"的见解,显然有相背驰的,所以不但不能一致协力,还有彼此互相消减的浪费。若1917年以前的西洋文明都不足取法,那么,这几十年的一点点改革工作,都不值得我们的留恋,也许都得一把劫火毁灭了才快一部分人的心愿。若私家的工商业都不应该存在,那么,中国的生产事业都只好停顿下来,静候中国的列宁与斯塔林的出现。若近二十年的"文化运动"都只是如陈高佣先生(上述《申报月刊》页50—51)说的"西洋近代的资本主义文化",那么,我们的教育学术也都得根本打倒,恭候那货真价实的真正现代文化的来临。——更可怜的,是近年许多青年人与中年人"本其所信,埋头苦干",而因为目的不同,方向背驰,所以有互相压迫,互相残杀的惨酷行为。今日国中各地的杀气腾腾,岂不是几种不相容的主义在那儿火并?同是要把国家社会做到各人所信为"现代化"的地位,结果竟至于相仇杀,相屠相灭,这岂不是今日最可痛心的一件事!

怪不得孟心史先生要提出抗议了。他说:"不要再乱谈现代化了!我们应该大家平心静气商量出什么是今日的当务之急。"

然而"当务之急"也是一个相对的观念,也可以引起无穷的纷争。孟先生的办法是:

> 取现代已有之成法,聚深通世界国情政情之士,条列其可以移用于吾国者,与不必移用于吾国者,质诸当局,证之国论,又加审量其间,而后定其孰为最急之先务。既定之后,即为吾国当务之急。

这个办法也是不容易施行的。因为"何者可移用于吾国",和"孰为最急之先务",这两个问题的答案也都依靠各人的社会政治思想。唐庆增先生说私人资本主义适宜于中国的生产;罗吟圃先生必定说"在中国目下的现况,无论从那一方面观察起来,经济上的个人主义是万万行不得的"。在这种歧异不相容的意见之下,谁配做最终的判决人呢?至于何者为先务也必有同样的歧异。一部分人必要先打倒帝国主义,一部分人必说先须剿共,另一部分人必要先推国民党的政权。也许有人要先从教育下手,也许有不少的人要先买飞机重炮。也许还有不少的人(如今日广东的领袖)要先读孟先生说的六经四子!孟心史先生悬想的国是会议或先务会议,依我看来,必至于闹到全武行对打而散。所以"急先务"好像是比那广泛的"现代化"简明多了,然而到底还不能免于纷歧与争执。何者为先务,与何者为现代,同样的不容易决定。

我个人近年常常想过,我们这几十年的革新工作,无论是缓和的改良运动,或是急进的革命工作,都犯了一个大毛病,就是太偏重主义,而忽略了用主义来帮助解决的问题。主义起于问题,而迷信主义的人往往只记得主义而忘了问题。"现代化"也只是一个问题,这个问题的明白说法应该是这样的:"怎样解决中国的种种困难,使她在这个现代世界里可以立脚,可以安稳过日子。"中国的现代化只是怎样建设起一个站得住的中国,使她在这个现代世界里可以占一个安全平等的地位。问题在于建立中国,不在于建立某种主义。一切主义都只是一些汤头歌诀,他们的用处只在于供医生的参考采择,可以在某种症候之下医治病人的某种苦痛。医生不可只记得汤头歌诀,而忘了病人的苦痛;我们也不可只记得主义,而忘了我们要用主义来救治建立的祖国。

我们都应该回头去想想,革命是为什么?岂不是为了要建立一个更好的中国?立政府是为什么?岂不是为了要做这建国的事业?练兵是为什么?岂不是为了要捍卫这个国家?现代化是为什么?岂不是为了要使这个国家能站在这个现代世界里?——这一切的工作,本来都只是为了要建立一个更满人意的国家。

这个大问题不是一个主义就可以解决的,也不是短时期就能解决的。这件建国的工作是一件极巨大,极困难,极复杂的工作。在这件大工作的历程上,一切工具,一切人才,一切学问知识,一切理论主义,一切制度方式,都有供参考采择的作用。譬如建筑一所大厦,凡可以应用的材料,不管他来自何方,都可以采用;凡可以供用的匠人,不管他挂着什么字号招牌,都可以雇用。然而我们不要忘了问题是造这大厦。若大家忘了本题,锄头同锯子打架,木匠同石匠争风，大理石同花岗石火并，这大厦就造不成了。

现在的社会思想家，大都没有认识这个当前问题。他们忘了这是一个绝顶繁难的大问题，其中包含着无数的专门技术问题。他们把它错看作一个锄头或锯子的小问题了（上述《申报月刊》的现代化讨论，差不多完全把中国现代化的问题完全看作生产的问题）。欧洲人的国家，根本就没有这个建立国家的大问题，因为他们的国家都是早已成立的了。因此他们能有余力来讨论他们的社会问题、生产问题、分配问题等等。然而在我们这国内，国家还不成个国家，政府还不成个政府；好像一个破帐篷在狂风暴雨里，挡不得风，遮不得雨；这时候我们那里配谈什么生产分配制度的根本改造！

我不是说生产分配等等问题是小问题。我只是说，在中国的现状之下，国家生存的问题没有办法之前，那些问题都无法解决。例如土地问题岂不重要，然而在江西湖北国军赤军连年作战的状态之下，土地问题是否能有满意的解决？一切赤区的土地新支配，是否于人民有多大实惠？这种支配的办法是否值得这些连年血战的牺牲的代价？一方面是少数人抱着某种社会经济的主张，就去干武装的革命，一方面是当国的政府为了自卫起见，也就不惜积聚全国的精锐兵力去围剿。结果是人民受征战的大祸，国家蒙危亡的危险；政府所辖区域内的积极政治无一可办，而赤区内的社会问题又岂能在这种苦战的状态之下得着永久的解决吗？

近两年的国难，似乎应该可以提醒一般人的迷梦了。今日当前的大问题依旧是建立国家的问题：国家有了生存的能力，政府有了捍卫国家的能力，其他的社会经济问题也许有渐渐救济解决的办法。国家若陷入了不能自存的地步，外患侵入之后，一切社会革命的试验也只能和现存的一切政制同受敌人铁蹄的蹂躏，决不会有中国亡了或残破了，而某地的赤色革命区域可以幸免的。

所以我们提议：大家应该用全副心思才力来想想我们当前的根本问题，就是怎样建立起一个可以生存于世间的国家的问题。这问题不完全是"师法外国"的问题，因为我们一面参考外国的制度方法，一面也许可以从我们自己的几千年历史里得着一点有用的教训。这问题也不完全是"必有一形成之现代，而后从而化之"的问题，因为一来此时的世界正在演变之中，无有一个已形成的现代；二来我们的病状太危险，底子太虚弱，恐怕还没有急骤追随世界先进国家的能力。这问题也不是一个"急先务"的问题，因为这个国家满身是病痛，医头固是先务，医脚也是先务；兴利固是先务，除弊也是先务，外交固是先务，内政更是先务；学术研究固是先务，整顿招商局也是先务。

我前几年曾说过：我们只有一条路，就是认清了我们的问题，集合全国的人才智力，充分采用世界的科学知识与方法，一步一步的作自觉的改革，在那自觉的指导之下一点一滴的收不断的改革之全功。

我们此后想把我们对这个建国问题的各方面的思考的结果，随时陆续写出来，请关心这问题的人时时指教匡正。

（原载1933年11月19日《独立评论》第77号）

建国与专制

上期蒋廷黻先生发表了一篇《革命与专制》，根据欧洲的近世史立论，说：

> 中国现在的局面，正像英国未经顿头专制，法国未经布彭专制，俄国未经罗马罗夫专制以前的形势一样。我们现在也只能有内乱，不能有真正的革命。我们虽经过几千年的专制，不幸我们的专制君主，因为环境的特别，没有尽他们的历史职责。满清给民国的遗产是极坏的，不够作革命的资本的。第一，我们的国家仍旧是个朝代国家，不是个民族国家。一班人民的公忠是对个人或家庭或地方的，不是对国家的。第二，我们的专制君主并没有遗留可作新政权中心的阶级。其实中国专制政体的历史使命就是摧残皇室以外一切可作政权中心的阶

级和制度。结果，皇室倒了，国家就成一盘散沙了。第三，在专制政体之下，我们的物质文明太落伍了。我们一起革命，外人就能渔利，我们简直无抵抗的能力。

蒋先生的结论是要指出："各国的政治史都分为两个阶段：第一是建国，第二步才是用国来谋幸福。我们第一步工作还没有作，谈不到第二步。""我们没有革命的能力和革命的资格。"他的大意，不过如此。

可是他给了这篇文章一个很引人注意的标题，叫做"革命与专制"。他列举了英法俄三个国家的历史：英国若不经过十六世纪的顿头朝（Tudor 钱端升先生译为推铎尔朝）的专制，就不能有十七世纪的革命；法国若不经过二百年布彭朝（Bourbon）的专制，也就不会有十八世纪的大革命；俄国若不经过罗马罗夫朝三百年的专制，列宁和杜洛斯基也就未见得能造成他们的革命伟业。我们读了他的历史引证，又回想到他的标题，不能不推想到三个问题：（1）专制是否建国的必要阶段？（2）中国经过了几千年的专制，为什么还没有做到建国的历史使命，还没有造成一个民族国家？我们还可以进一步追问：（3）中国的旧式专制既然没有做到建国的职责，我们今后建国是否还得经过一度的新式专制？

我想，读了蒋先生那篇文章的人，大概都不免发生这三个推想。蒋先生将来一定还有更详细的说明。我现在先把我个人对于这三点的意见写出来,请蒋先生和读者指教。

(一)专制是否建国的必要阶段?

关于这一点,我的观察和蒋先生有一个根本的不同。蒋先生所举的英法俄三国的历史,在我看来,只是那三个国家的建国史,而建国的范围很广,原因很复杂,我们不能单指"专制"一项做建国的原因或条件。我们可以说那三个朝代(英的顿头,法的布彭,俄的罗马罗夫)是建国的时代;但我们不能证明那三个国家的建立都是由于专制。英国的顿头一朝的历史,最可以说明这一点。亨利七八两世做到了统一的功绩,亨利八世的一个儿子和两个女儿继续王位,尤其是他的小女儿伊里沙伯女王享国最久,史家称为伊里沙伯时代。英吉利民族在这一百年之中,成为一个强盛的民族国家,是有种种原因的。顿头一朝的几个君主虽然也有很专制的,如玛丽女王在三四年间因宗教罪过烧杀男女异教徒至三百人之多,但这种专制的行为只够引起人民很严重的反抗,而不能增民族国家的建立。玛利女王的末年是英国人民最痛恨的;她的恢复天主教的政策,也是最违反民意的行为。史家说她的时代的英国是几百年来最紊乱的时代,"不但法纪废弛,无领袖,无武备,无精神,无统一性,平时战时俱受侮辱;而且无论从那一方面讲，英国只是西班牙的一个附庸国"（钱端升译屈勒味林的《英国史》，页409）。顿头一朝的两个英主，前有亨利八世，后有伊里沙伯，都能利用英国人民的心理，脱离罗马教皇的管辖，树立英国国教，扶植国会，培养国力，提倡本国方兴的文化。凡此种种，固然也可说是开明的专制。但英国民族国家的造成，并不全靠君主之力。英国语的新文学的产生与传播，英文翻译的圣经与祈祷书的流行，牛津与剑桥两大学的势力，伦敦的成为英国的政治经济文化的中心，纺织业的长足的发展，中级社会的兴起：这些都是造成英国民族国家的重要因子。这种种因子大都不是在这一个朝代发生的，他们的起源往往都远在顿头朝之前；不过在这百年的统一承平时代，他们的发展自然更快了。

　　蒋先生的本意大概也只是要说统一的政权是建国的必要条件；不过他用了"专制"一个名词来包括政权的统一，就不免容易使人联想到那无限的独裁政治上去。其实政权统一不一定就是独裁政治。英国的亨利第八时代正是国会的势力抬头的时代：国会议员从此有不受逮捕的保障，而国王建立新国教也须借国会的力量。所以我们与其说专制是建国的必要阶段，不如说政权统一是建国的条件，而政权统一固不必全学罗马罗夫朝的独裁政治。

（二）中国几千年的专制何以不曾造成民族国家？

关于这一点，我和蒋先生也有不同的看法。照广义的说法，中国不能不说是早已形成的民族国家。我们现在感觉欠缺的，只是这个中国民族国家还够不上近代民族国家的巩固性与统一性。在民族的自觉上，在语言文字的统一上，在历史文化的统一上，在政治制度（包括考试，任官，法律，等等）的统一与持续上，——在这些条件上，中国这两千年来都够得上一个民族的国家。其间虽有外族统治的时期，而在那些时期，民族的自觉心更特别显露，历久而不衰，终于产生刘裕、朱元璋、洪秀全、孙文一流的民族英雄起来做民族革命的运动。我们今日所有的建国的资本，还是这两千年遗留下来的这个民族国家的自觉心。

这个民族的国家，不能不说是两千年的统一政权的遗产。最重要的是那个最光荣的两汉帝国的四百年的统一。我们至今是"汉人"，这就是汉朝四百年造成的民族自觉心的结果。其次是唐朝的三百年的统一，使那些新兴的南方民族至今还自称是"唐人"。有了汉唐两个长期的统一，我们才养成了一个整个中国民族的观念。我们读宋明两朝的遗民的文献，虽然好像都不脱忠于一个朝代的见解，其实朝代与君主都不过是民族国家的一种具体的象征。不然，何以蒙古失国后无人编纂元遗民录？何以满清失国后一班遗老只成社会上的笑柄而已？我们所以特别表同情于宋明两代的遗民，这正可以表现中国早已成为一个民族的国家；这种思古的同情并不起于今日新的民族思想兴起的时代，其种子早下在汉唐盛世，在蒙古满洲入主中国的时期已有很悲壮的表现了。

至于蒋先生指出的三种缺陷，只可以证明旧日的社会与政治的恶果，而不足以证明中国不是一个民族的国家。第一，"一班人民的公忠是对个人或家庭或地方的，不是对国家的"。这是因为旧日国家的权力本来不能直接达到一般人民，在那"天高皇帝远"的情势之下，非有高等的知识，谁能超过那直接影响他的生活的亲属而对那抽象的国家表示公忠呢？十八世纪的英国名人布尔克（Burke）曾说："要人爱国家，国家必须可爱才行。"难道我们因此就说十八世纪的英国还不成一个民族的国家吗？今日一般人民的不能爱国家，一半是因为人民的教育不够，不容易想像一个国家；一半是因为国家实在没有恩惠到人民。

第二，"我们的专制君主并没有遗留可作新政权中心的阶级。其实中国专制政体的历史使命就是摧残皇室以外一切可作政权中心的阶级和制度"。欧洲各国都是新从封建时代出来，旧日的统治阶级还存在，尤其是统治阶级的最下层，——武士的阶级，——所以政权的转移是逐渐由旧统治阶级移归那新兴的中等社会的领袖阶级，更逐渐移到那更广大的民众。我们的封建时代崩溃太早了，两千年来就没有一个统治阶级。科举的制度发达以后，连"士族"都不固定了。我们又没有像英国那样的"冢子袭产制"，遗产总是诸子均分，所以世家大族没有能维持到几代而不衰微的。这是中国的社会结构太平民化的结果，虽有专制君主有意维持某种特殊阶级（如满清之维持八旗氏族），终敌不住那平民化的自然倾向。辛亥革命之后，那些君主立宪党也无处可以请出一个中国家族来做那候补的皇室，于是竟有人想到衍圣公的一门！因为今日中国社会本无"可作新政权中心的阶级"，所以我们的建国（建立一个在现代世界里站得住的国家）事业比欧美日本要困难无数倍。但这是一个政权中心的问题，而不是民族国家的问题。

第三，蒋先生又说，"在专制政体之下，我们的物质文明太落伍了"。物质文明的落后，是由于我们的知识不够，人才不够，又因为旧式的民族自大心的抵抗，不肯急起直追。这是和专制政体无大关系的，也不足以证明中国不是一个民族国家。

以上所说，只讨论了蒋先生的论文引起的两点。我的意思只是要指出：第一，建国固然要统一政权，但统一政权不一定要靠独裁专制。第二，我们今日要谈的"建国"，不单是要建设一个民族的国家。中国自从两汉以来，已可以算是一个民族国家了。我们所谓"建国",只是要使这个中国民族国家在现代世界里站得脚住。

还有第三个问题:中国的旧式专制既然没有做到建国的大业,我们今日的建国事业是否还得经过一度的新式专制?这个问题,今天谈不了,且留在将来再谈。

二十二,十二,十一

(原载1933年12月17日《独立评论》第81号)

再论建国与专制

上一期我讨论蒋廷黻先生的《革命与专制》,曾提出一个主张,说建国固然要统一政权,但统一政权不一定要靠独裁专制。我们现在要讨论一个比较更迫切的问题:中国的旧式专制既然没有做到建国的大业,我们今日的建国事业是不是还得经过一度的新式专制呢?

这个问题,并不算是新问题,只是二十多年前《新民丛报》和《民报》讨论的"开明专制"问题的旧事重提而已。在那时候,梁任公先生曾下定义如下:

> 发表其权力于形式,以束缚人一部分之自由,谓之制。专制者,一国中有制者,有被制者,制者全立于被制者之外,而专断以规定国家机关之行动者也。由专断而以不良的形式发表其权力,谓之野蛮专制。由专断而

以良的形式发表其权力,谓之开明专制。凡专制者以能专制之主体的利益为标准,谓之野蛮专制;以所专制之客体的利益为标准,谓之开明专制。(《饮冰室文集》,乙丑重编本,卷二十九,页三五——四一)

现时有些人心目中所悬想的新式专制,大概不过是当年梁任公先生所悬想的那种以国家人民的利益为标准的开明专制而已。当时梁先生又引日本法学者筧克彦的话,说"开明专制,以发达人民为目的者也",这和现在一部分人所号召的"训政"更相近了。所以当时民报社中,有署名"思黄"的,也主张革命之后须先行开明专制。当时孙中山先生还不曾提出"军政,训政,宪政"三时期的主张,那时他的三期论的第二期还叫做"约法"时期,是立宪期的准备。"思黄"所说,似是指那"约法"时期的开明专制。汪精卫先生在当时虽声明"与思黄所见稍异",但他也承认"政权生大变动之后,权力散漫,于是有以立宪为目的,而以开明专制为达此目的之手段者"。这正是后来的"训政"论。

平心而论,二十多年前,民党与非民党都承认开明专制是立宪政治的过渡办法。梁任公说:

若普通国家则必经过开明专制时代,而此时代不必太长,且不能太长;经过之后,即进于立宪:此国家进步之顺序也。若经过之后而复退于野蛮专制,则必生革命。革命之后,再经一度开明专制,乃进于立宪。故开明专制者,实立宪之过渡也,立宪之预备也。(同上书,页五四)

《民报》里的"思黄"说:

吾侪以为欲救中国,惟有兴民权,改民主。而入手之方则先以开明专制,以为兴民权改民主之预备。最初之手段则革命也。(同上书,页八一引)

《民报》与《新民丛报》走上一条路线去了。他们所争的,其实不在开明专制,而在"最初之手段"是不是革命。梁氏希望当日的中国能行开明专制,逐渐过渡到立宪,可以避免种族革命与政治革命。而革命党人根本上就不承认当日的中国政府有行开明专制的资格,所以他们要先革命。汪精卫说:

论者须知行开明专制者必有二条件:第一则其人必须有非常英杰之才,第二则其人必须为众所推戴。如法之拿破仑第一,普之腓力特列第二,是其例也(汪氏全文引见同上书,卷三十,页三五——五八。此语在页四七)。

当日的政府确然没有这些条件，所以辛亥革命起来之后，梁任公作文论"新中国建设问题"，也不能不承认：

吾盖误矣！……民之所厌，虽与之天下，岂能一朝居！（同上书，卷三四，页十五）

这一段二十多年前的政论之争，是值得我们今日的回忆的。二十多年以来，种族革命是过去了，政治革命也闹了二十二年，国民党的训政也训了五六年了。当年反对革命而主张开明专制的人，早已放弃他的主张了。现在梦想一种新式专制的人，多数是在早一个时期曾经赞成革命，或者竟是实行革命的人。这个政治思想的分野的骤变，也是时代变迁的一种结果。在二十多年前，民主立宪是最令人歆羡的政治制度。十几年来，人心大变了：议会政治成了资本主义的副产，专政与独裁忽然大时髦了。有些学者，虽然不全是羡慕苏俄与意大利的专制政治的成绩，至少也是感觉到中国过去二十年的空名共和的滑稽，和中国将来试行民主宪政的无望，所以也不免对于那不曾试过的开明专制抱着无穷的期望。还有些人，更是明白的要想模仿苏俄的一阶级专政，或者意大利的一党专政。他们心目中的开明专制已不像二十多年前《新民丛报》时代那样的简单了。现在人所谓专制，至少有三个方式：一是领袖的独裁，二是一党的专政，三是一阶级的专政（最近美国总统的独裁，是由国会暂时授予总统特权，其期限有定，其权力也有限制，那是吾国今日主张专制者所不屑采取的）。其间也有混合的方式：如国民党的民主集权的口号是第二式；如蓝衣社的拥戴社长制则是领袖独裁而不废一党专政；如共产党则是要一阶级专政，而专政者仍是那个阶级中的一个有组织的党。

我个人是反对这种种专制的。我所以反对的理由，约有这几项：

第一，我不信中国今日有能专制的人，或能专制的党，或能专制的阶级。二十多年前，《民报》驳《新民丛报》说：

> 开明专制者，待其人而后行。

虽然过了二十多年，这句老话还有时效。一般人只知道做共和国民需要较高的知识程度，他们不知道专制训政更需要特别高明的天才与知识。孔子在二千四百多年前曾告诉他的国君说："为君难，为臣不易。如知为君之难也，不几乎一言而兴邦乎？"今日梦想开明专制的人，都只是不知道为君之难，不知道专制训政是人世最复杂繁难的事业。拿破仑与腓力特列固然是非常杰出的人才，列宁与斯塔林也是富有学问经验的天才。俄国共产党的成功不是一朝一夕的偶然事件，是百余年中整个欧洲文明教育训练出来的。就是意大利的专制也不是偶然发生的；我们不要忘了那个小小的半岛上有几十个世间最古的大学，其中有几个大学是有近千年的光荣历史的。专擅一个偌大的中国，领导四万万个阿斗，建设一个新的国家起来，这是非同小可的事，决不是一班没有严格训练的武人政客所能梦想成功的。今日的领袖，无论是那一党那一派的健者，都可以说是我们的"眼中人物"；而我们无论如何宽恕，总看不出何处有一个够资格的"诸葛亮"，也看不出何处有十万五万受过现代教育与训练的人才可做我们专政的"诸葛亮"。所以我们可以说：今日梦想一种新式专制为建国的方法的人，好有一比，比五代时后唐明宗的每夜焚香告天，愿天早生圣人以安中国！

第二，我不信中国今日有什么有大魔力的活问题可以号召全国人的情绪与理智，使全国能站在某个领袖或某党某阶级的领导之下，造成一个新式专制的局面。我们试看苏俄，土耳其，意大利，德意志的专政历史，人才之外，还须有一个富于麻醉性的热烈问题，可以煽动全国人心，可以抓住全国少年人的热血与忠心，才可以有一个强有力的政权基础。中国这几十年中，排满的口号过去了，护法的问题过去了，打倒帝国主义的口号过去了，甚至于"抗日救国"的口号也还只够引起一年多的热心。那一个最真切,最明白的救国问题还不能团结一个当国的政党,还不能团结一个分裂的国家,这是最可痛心的教训。这两年的绝大的国难与国耻还不够号召全国的团结,难道我们还能妄想抬出一个蒋介石,或者别个蒋介石来做一个新的全国大结合的中心吗?近年也有人时时提到一个"共同信仰"的必要,但是在这个老于世故的民族里,什么口号都看得破,什么魔力都魔不动,虽有莫索里尼,虽有希忒拉,虽有列宁、杜洛司基,又有什么幻术可施呢?

第三,我有一个很狂妄的僻见:我观察近几十年的世界政治,感觉到民主宪政只是一种幼稚的政治制度,最适宜于训练一个缺乏政治经验的民族。向来崇拜议会式的民主政治的人,说那是人类政治天才的最高发明;向来攻击议会政治的人,又说他是私有资本制度的附属品:这都是不合历史事实的评判。我们看惯了英美国会与地方议会里的人物,都不能不承认那种制度是很幼稚的,那种人才也大都是很平凡的。至于说议会政治是资本主义的政治制度,那更是笑话。照资本主义的自然趋势,资本主义的社会应该有第一流人才集中的政治,应该有效率最高的"智囊团"政治,不应该让第一流的聪明才智都走到科学工业的路上去,而剩下一班庸人去统治国家。(柏来士Bryce的"美洲民主国"曾历数美国大总统之中很少第一流英才,但他不曾想到英国的政治领袖也不能比同时别种职业里的人才;即如名震一世的格兰斯顿如何可比他同时的流辈如赫胥黎等人?)

有许多幼稚民族很早就有民主政治,正不足奇怪。民主政治的好处在于不甚需要出类拔萃的人才;在于可以逐渐推广政权,有伸缩的余地;在于"集思广益",使许多阿斗把他们的平凡常识凑起来也可以勉强对付;在于给多数平庸的人有个参加政治的机会,可以训练他们爱护自己的权利。总而言之,民主政治是常识的政治,而开明专制是特别英杰的政治。特别英杰不可必得,而常识比较容易训练。在我们这样缺乏人才的国家,最好的政治训练是一种可以逐渐推广政权的民主宪政。中国的阿斗固然应该受训练,中国的诸葛亮也应该多受一点训练。而我们看看世界的政治制度,只有民主宪政是最幼稚的政治学校,最适宜于收容我们这种幼稚阿斗。我们小心翼翼的经过三五十年的民主宪政的训练之后,将来也许可以有发愤实行一种开明专制的机会。这种僻见,好像是戏言,其实是慎重考虑的结果,我认为值得研究政治思想的学者们的思考的。

二十二,十二,十八夜

(原载1933年12月24日《独立评论》第82号)

论《宪法初稿》

我们读了立法院公布的宪法草案初稿,在评论之前,应该先想想这个宪法之下的中国政治制度是个什么样子的。依我的浅陋的了解,这个宪法要给我们的是这样一个制度:

一、先从最低层说起:人民直接选举县议会,直接选举县长(县长候选人以经中央考试及格者为限)。县长可由县议会弹劾,经县议员四分三之议决,得请县民罢免他。县民若否决了弹劾案,县议会应即改选(市与县同)。

二、第二层是省。省无议会,只有一个省参议会;参议员每县市一人,由人民直接选举。省长由行政院提出五个候选人,由省参议会选出一人,由国民政府任命之,任期三年。但省参议会无弹劾省长之权。省长受中央政府之指挥,但对于省参议会不负责任。

三、第三层是国民政府,其组织成分有六:

(1) 总统。任期六年，由国民大会选举罢免。

(2) 行政院。行政院长由总统提经国民大会或国民委员会之同意任免之。行政院长遇立法院提出不信任案经国民委员会接受时，或被监察院弹劾经国民委员会接受时，都应去职。

行政院设各部及各委员会，其各部长与各委员长均由行政院长提请国民政府任免。

(3) 立法院。立法委员不得过二百人，任期三年，由国民大会选举罢免。立法委员互选其院长副院长。

立法院对于行政院有质询之权，并有提出不信任行政院长案之权。

立法院的议决案，由总统署名及主管院长副署后公布。总统得将议决案提交复议；但立法院若以出席委员三分二以上之决议维持原案时，总统不得再交复议。

(4) 司法院：院长副院长由国民大会选举罢免。

(5) 考试院：院长副院长由国民大会选举罢免。

(6) 监察院。监察委员不得过五十人，由国民大会选举罢免。监察委员互选其院长副院长。

四、最上一层为国民大会，由每县市选出代表一人，及蒙古西藏代表，国外华侨代表，组织之。国民大会每三年开会一次，其会期以一个月为限。国民大会的职权很大（第五十一条），但其职权"于闭会之日终了"。

国民大会闭会期间，设国民委员会，置委员二十一人，由国民大会选举之。国民委员会并不代行国民大会的职权，只在平时接管大会秘书处，并筹备下届大会；此外得受理监察院对于立法委员监察委员及各院院长、副院长的弹劾案，及立法院对于行政院长的不信任案。国民委员限于四十五岁以上有特殊功德，颇像一个元老院。

五、中央与地方采均权制。

这是这个宪法初稿准备建立的政治制度。我们把这个政治体系总括起来看，想像他的各部分的连络，想像他在实际行使时的效能，我们可以看出他有可以批评的几点。

第一，我们感觉这个制度有许多地方缺乏连络，实行时有许多障碍。试举一个例。既许人民直接选举县长了，又限定县长候选人必须经中央考试及格。今日中央考试院考取的县长人数够分配一千几百县吗？每县都有本县人在中央考试及格的吗？假如我们绩溪县只有一个中央考试及格的县长候选人，是不是只有他可以候选？又假如绩溪县没有一个中央考试及格的候选人，是不是我们还得请考试院或省政府交下一个候选名单，才可选举？这个名单上的人，当然不是我们本县的人了，我们本县人民又如何能知道他们的资格与人格而选择他们呢？这个制度可谓奇怪极了。为什么不规定县长候选人的资格,让各县人民去推举候选人呢?

再举一个例。省长候选人须由中央政府提出,如果省参议会觉得中央提出的五个候选人都不能满意,省参议会可以请中央另提候选人吗?选出的省长,省参议会又何以绝无弹劾之权呢?万一省长有违法或溺职的行为,难道省参议会还得静待他三年任满,才可以不连选他吗?

中央政制在实行上的困难更多了。行政最高权在行政院长,而行政院长可以被监察院弹劾,可以被立法院投不信任票,时时可以动摇。这一点已有许多人指出了,我可以不必详说。国民政府公布法律,发布命令,由总统署名,并须经主管院院长副署;万一总统同意,而主管院不副署,又怎样办?(看《独立》第九三号,陈受康《读宪法初稿》。)立法院的议决案,总统可以提交复议;监察院的弹劾案是不是(除了弹劾总统副总统各院长副院长及立法监察委员另有第五十八条的规定之外)都算最后的决定呢?现在监察院的弹劾案,送交惩戒机关之后,往往不执行。宪法初稿将公务员惩戒委员会设在司法院,这个惩戒会对于监察院的普通弹劾案是否有提交复议的否决权呢?是否弹劾案出了监察院的大门就完全由惩戒委员会处理呢?又如第八十六条说:

> 行政院院长遇有左〔下〕列情形之一时,应行去职:

一，立法院提出不信任案，经国民委员会决议接受时。

二，监察院提出弹劾，经国民委员会议决接受时。

据此条文，是国民委员会可以议决不接受此项不信任案及弹劾行政院长案。又据第五十八条，监察院弹劾总统副总统，须经国民委员四分三以上之决议，方可召集临时国民大会。若不得四分三的决议，国民委员会也可以不接受弹劾总统案了。以上三种重大案，国民委员会不接受时，立法院怎么办呢？监察院又怎么办呢？他们是不是就此收兵了回头来重新拥戴那曾被弹劾的总统和那曾被不信任的行政院长呢？还是另有方法可以使弹劾案和不信任案发生效力呢？

第二，我们感觉这个制度是一个七拼八凑的百衲本，缺乏一贯的政治理解，更谈不到什么一贯的政治信仰。初看那下层的县，似乎是直接选举产生的代议制的民治。到了省的制度，只有一个权限极少的省参议会，连弹劾省长的权都没有了，只成了省长的一个咨询机关了。再看上去，到了中央政府，只设一个一千几百人的国民大会，三年之中集会一个月；闭会之日，职权就终了了。这一千几百人，来自全国各县，平日素不相识，更无组织，到了首都，真成了刘姥姥初入大观园！这一大群刘姥姥，如何能负担那国民大会的极重大的职权呢？这岂不是在宪法里先就准备叫他们被少数伶俐的政客牵着鼻子跟人瞎跑吗？为什么不老老实实的叫各省人民选出他们本省的立法委员来组织一个代表全国的立法院呢？既已拘泥了孙中山先生的"国民代表大会"的主张，又何不老老实实的让他们每年在首都多住几个月，多得一点政治经验，实行《建国大纲》说的"参预中央政事"呢？如果大家明知中央政府此时不能常年担负这一两千人的旅费和俸给，或者明知各县代表每年来往奔波为太困难，那么，又何不老老实实指出"每县得选国民代表一员"的制度不能实行，而另想更易行的制度呢？

这个政制所以这样七零八落，毛病在于起草诸公不曾详细研究国内现状需要何等样子的一个政治组织，却只拘拘的用《建国大纲》做他们的纲领。其实他们又全不曾了解孙中山先生的《建国大纲》的理路，只拘执着他的文字。《建国大纲》是有一贯的政治理想的。依孙先生的理想，宪政必须有个渐进的程序，先做到自治的县，次做到自治的省；某一省全数之县完成自治了，这一省就开始宪政；全国有过半数省分都开始宪政了，然后开国民大会决定宪法而颁布之。《建国大纲》的程序如此，试问今日草成的宪法初稿是不是依此程序呢？既不依此程序，又如何可以拘执《建国大纲》的条文？这样割裂孙先生的条文，非但失了他的精神，并且毁了他的一贯的政治理想。

中山先生没有想到他死后几年之中我们的国家就会陷在空前的危急状态里，所以他的《建国大纲》是假定一个可以从容渐进的时势的。现在既无此时势，我们只能把他的理想计划暂时留作一个供后来人研究的历史文件。我们只应该考察此时我们如要行宪政，应该从如何下手，应该建立何种制度。如果我们此时需要的是一个巩固的中央政府，我们就不应该拘泥某种历史文件，造出种种机关来捆住他的手脚。如果我们需要各省来参预中央的政治，因以造成一个维系全国的统一局面，那么，我们就不应该拘泥某种历史文件，造出一个三年集会一个月的空虚的国民大会来叫各省失望。如果我们此时实无坚强的信心可以信任一县的人民能推出几个县长候选人来，那么，我们就更不应该拘泥某种历史文件，骤然一跳就做到全国的民选县长；我们就应该认清国内的现状与需要，先从改善省政府下手，吃紧训练县长人才，一面先行省政府考试任命县长，一面建立各省的省议会和巡行的监察制度来监督各省各县的政治设施。——总而言之，中山先生的建国大纲的文字上的程序是由下而上渐进的，但他的精神是要政府"训导人民之政治知识能力"，也还是由一个有知识能力的中央政府出发到各地方的。我们在今日不可拘泥他的文字，应该活用他那一贯的精神。

关于宪法初稿的其他部分，我们认为大都是空头支票，尤其是经济与教育两章。这些一时无能力兑现的空话，放在宪法里，只可以使人民轻视国家的根本大法，不如全行删去，而提出一项两项——如平准粮食，如普及教育——用全力实行起来。在宪法里说欺骗人民的大话，就是亵渎宪法，罪过不小。

廿三，四，九

（原载1934年4月15日《独立评论》第96号）

双十节的感想

我们这一期报的付印正当双十节的前夕，所以我们也要借这个机会来想想这个革命纪念节的历史的意义。

双十节有两层重大意义：种族的革命和政治的革命。

第一，辛亥革命在当时最容易使一般人了解的意义是"排满"，是种族的革命。种族的革命在当时颇有人反对，一半是因为有些持重的人恐怕革命要引起瓜分，一半是因为有些人对于满洲皇室还抱一点中兴的希望。现在回头看来，怕瓜分还有点历史的根据，期望满洲皇室的中兴是完全错误的。满洲民族，到了乾隆以下，已成了强弩之末；皇室都成了败家子弟，后来竟连儿女都生不出来了；八旗兵丁也都"文"化了，在乾嘉之间的匪乱里，他们的战斗力已大衰了。太平天国之变更证明了这一群外族统治阶级已丝毫没有抵抗力了。从十九世纪中叶到辛亥革命，满族的统治权全靠汉族新兴领袖的容忍。其间戊戌年的"百日维新",不足以证明满族可以出个维新皇帝,只足以证明他们只配拥戴一个昏残顽固的西太后。拳匪之祸,主要的政治领袖都是皇室贵族,从此满洲皇室更被全国人民厌恨了。崩溃的统治阶级早已不能抵抗那几次爆发的民族仇恨了;只有那七百年理学余威还在那里支持一个尊君的局面,使曾国藩、左宗棠、李鸿章诸人不敢作进一步取而代之的革命。但理学的本身也早已成了强弩之末,禁不起那西来的民族观念与平等自由的思想的摧荡。这一道最后的壁垒有了漏洞之后,他所掩庇的满洲帝室自然瓦解了。所以辛亥革命"排满"成功的意义只是推倒一个久已不能自存的外族统治;那种"摧枯拉朽"的形势,更可以证明时机的真正成熟。这个说法不是小看了革命先烈的功绩,这正是要表明他们的先见远识。倘使当时那班昏愚的帝室亲贵能继续维持他们的统治权到今日,中国的形势更不堪想像了!

第二,帝制推翻之后,中国变成一个民主共和,这也是历史造成的局势。在二百七十年的满族统治之下,汉人没有一家能长久保持一种特殊尊贵地位的,也没有一家能得国民爱戴,有被拥戴做统治中国的皇室的。即使君主立宪党人出头当政,他们也没有法子凭空捏造出一个皇室来,所以辛亥革命不能不建立一种共和政体,乃是历史必然的趋势。还有一个历史的理由,就是中国向来的专制帝政实在太糟,太无限制,太丑恶了,一旦戮穿了纸老虎,只看见万恶而无一善。这是中国和日本的一个根本不同之点。日本自从九世纪以来,一千余年中,天皇没有实权,大权都在权臣的手里;天皇深居宫中,无权可以为恶,而握专制实权的幕府成为万恶所归,所以后来忧国的志士都要尊王倒幕。后来日本天皇成为立宪的君主,其实很得了那一千多年倒霉的帮助。中国则不然:一切作威作福的大权都集中在皇帝一身,所以一切罪恶也都归到他的一身。在纸老虎有威风的时候,一切人都敢怒而不敢言。等到纸老虎不灵的时候,"专制万恶"的思想处处都可以得着铁凭铁据,自然众口一声的要永远推翻专制帝政了。帝制的罪恶是历史上最明显的事实,何况还有共和自由平等的幸福的期望在将来等着我们的享受?所以日本维新变成君主立宪,而中国革命不能不打倒帝制,都是历史上的自然趋势。袁世凯张勋的帝制失败都是这个趋势的旁证。

但辛亥革命的政治的意义不止于此。帝制的推翻,虽然好像是不曾费大力,然而那件事究竟是五千年中国历史上的一件最大的改革。在一般人的心里,这件事的意义是:"连皇帝也会革掉的!"这是中国革新的一个最深刻的象征。辛亥以前,中国人谈了四五十年的改革,实在没有改变多少。因为那班老狗是教不会新把戏的。八股改了,来的是策论;

策论废了，来的是红顶子做监督提调的学堂。要"预备立宪"了，来的是差不多"清一色"的亲贵政府。——但是辛亥以后，帝制倒了，在积极方面虽然没有能建立起真正的民主政体，在破坏的方面确是有了绝大的成绩。第一是整个的满洲亲贵阶级倒了，第二是妃嫔太监的政治倒了，第三是各部的书办阶级倒了，第四是许多昏庸老朽的旧官僚也跟着帝制倒了。这多方面的崩溃，造成了一个大解放的空气。这个大解放的空气是辛亥政治革命的真意义。在辛亥以前，无论什么新花样，——例如编排一出新戏——只消一位昏庸的御史上一个参本，就可以兴起一场大狱。在辛亥以后，许多私人提倡的改革事业都可以自由发展，不能不说是政治革命的恩赐。即如民国六七年北京大学的教授提倡的白话文学，在当时虽然也有林纾先生们梦想有大力的人出来干涉，究竟没有受着有效的摧残。若在帝政之下，我们那班二十多岁的青年压根儿就不能走进京师大学堂的门墙里去讲中国学问，更不用说在"辇毂"之下提倡非圣无法的思想了！民国十三年以后的政治社会的改革当然是比辛亥革命激烈的多了；但若没有辛亥革命的政治大解放，也决不会有这十年来的种种革命。辛亥革命变换了全国的空气，解除了一个不能为善而可以为恶的最上层高压势力，然后才能有各种革命的新种子在那个解放的空气里生根发芽。

所以我们可以说辛亥革命是后来一切社会改革的开始。中国古来的政治虽然是完全放任的，然而那个"天高皇帝远"的放任政治之下，一切社会制度实在都还是倚靠那个礼法分不清的政治制度的维持。放任是放任的，但变换新花样是不容许的；其实也并不是有意的不容许，只是无法子变换出来。那个上层的硬壳子僵化了，他的压力自然能僵化一切他所笼罩的东西。辛亥革命只是揭起了，打破那个硬壳子，底下的社会就显出流动性来了。

这二十年中最容易看见的改革是妇女的解放。然而妇女的解放运动，无论在家庭，在学校，在社会，都直接间接的受了辛亥政治革命的推动。即如今日男女同学的普遍，在旧日帝制之下，是谁也梦想不到的。又如新民法根本推翻了旧礼教所护持的名分，亲属关系，宗法观念，造成了一种不流血的礼教革命。这样澈底的法律革命，在旧日礼教与刑法互相维护的帝政之下决没有实行的机会。这不过是随便举出的一两点，已可以说明辛亥革命有解放全社会的大影响了。

我们在今日纪念这个革命节日，一面当然感谢那许多为革命努力牺牲的先烈，一面当然也不能不感觉我们自己在这二十年中太不努力了，所以虽有一点成绩，究竟不够酬偿他们流的血，出的力。他们梦想一个自由平等，繁荣强盛的国家。二十三年过去了，我们还只是一个抬不起头来的三等国家。他们梦想造成一国民主立宪的自由国民，二十三年了，却有不少的人自以为眼界变高了，瞧不起人权与自由了，情愿歌颂专制，梦想做独裁下的新奴隶！这是我们在今日不能不感觉惭愧的。

廿三，十，九晨

（原载1934年10月14日《独立评论》第122号）

汪蒋通电里提起的自由

11月27日汪蒋两先生联名通电全国,说明他们所要想向五中全会"建议以期采纳而见实行"的主张,其中共有两大原则:一是明定中央与地方的权限,一是声明"国内问题取决于政治,不取决于武力"。

关于第一项,原电文内列举了五项子目,这五项如果能实行,应该可以做到"中央与地方之扞隔必日臻消融"的希望。

关于第二项,原电文内没有具体的方案,只提出了一条很重要的原则:

> 人民及社会团体间,依法享有言论结社之自由。但使不以武力及暴动为背景,则政府必当予以保障而不加以防制,

又加上了一句说明：

盖以党治国固为我人不易之主张，然其道当在以主义为准绳，纳全国国民于整个国策之下，为救国建国而努力，决不愿徒袭一党专政之虚名，强为形式上之整齐划一，而限制国民思想之发展，至反失训政保育之精神。

又加上了一句总说明：

盖中国今日之环境与时代，实无产生意俄政制之必要与可能也。

我们对于这个原则，当然是完全赞成的。因为原电文没有详述施行的办法，所以我们把我们想得到的办法写几条出来，供汪蒋两先生的考虑：

第一，政府应该明令全国，凡"不以武力及暴动为背景"的结社与言论，均当予以保障而不加以防制。原电文用"不以武力及暴动为背景"一语，比宪法草案里用的"依法"和"非依法律"一类字样，清楚多了。但"背景"二字也颇含混，也需要一种更明确的解释。试举个极端的例：假如十来个青年学生组织一个社会主义研究会，或者组织一个青年团来试行他们"各尽所能，各取所需"的理想生活，这都应该可以享受法律的保障的，都不应该让热心过度的警察侦探曲解为"以几千里外某地的红军为背景"！最好是索性不用"背景"一类容易误解的字样，而用"方法"或"手段"来替代，那就更合理了。

第二，政府应该明令中央与各省的司法机关从速组织委员会来清理全国的政治犯，结束一切证据不充分的案件，释放一切因思想或言论犯罪的拘囚；并且应该明令一切党政军机关不得因思想言论逮捕拘禁人民。肯思想的青年，不满意于政治社会的现状，容易受一个时代的激烈思潮的诱惑，这都是很自然的现状。不如此，就算不得有血气的青年了。法国的"老虎"政治家克利蒙梭曾说："一个少年人到了二十岁不做无政府党，是个没出息的东西。可是若到了三十岁还是无政府党，那就更没出息了！"他那时代的激烈思想是无政府主义；若在今日，也许他要换上马克斯主义了。少年人应该东冲西撞，四面摸索，自己寻出他安身立命的思想。偶然跌一两交，落到某种陷坑里去，也算不得大不幸的事。撞了壁，他可以走回头；落了坑，他可以增长见识与经验。这样自由摸索出来的思想信仰，才够得上安身立命的资格。最靠不住的是重重保护之下长大起来的青年人，好比从没出过绣房的千金小姐，一旦到了大世界里，见个白脸小伙子对她一笑，就失魂落魄的害起单相思来了。今日许多因思想言论，（可怜呵！小孩子的思想，小孩子的言论！）而受逮捕拘禁的青年人，实在太多了。当局的人实在不明白脚镣手铐和牢狱生活决不是改善青年思想的工具。青年人嫌政治不好，你却拿脚镣手铐等等来证明政治实在不好。青年人嫌法律不好，你却拿军法审判糊涂证据等等来证明法律的确不好。青年人爱充好汉，你却真叫他们做好汉！我们参观过北平好几处的监狱和反省院，不能不感觉今日有澈底大清理全国政治犯的迫切需要。这件事不可以再缓了。

第三，政府应该即日禁止公安与司法机关以外的一切机关随意逮捕拘押人民。以我们所见所闻，我们简直数不清中国今日究竟有多少机关可以行使搜查，逮捕，拘押，审讯的权力！汪蒋两先生通电发出的前后几天，北平一处就发生了无制服无公文的人员到北京大学东斋搜查并在路上拘捕学生的事，和清华大学文学院长在办公室里被无公文的人员拿出手枪来逮捕，并用手铐押送到保定行营的事。这种办法也许可以多捉几个人，可是同时也是努力替政府结怨于人民，使人民怨恨政府，怨恨党部。

第四，政府应该明令取消一切钳制报纸言论与新闻的机关。报纸与杂志既须正式登记立案，取得了出版发行的权利了，政府至少应该相信他们自己能负责任。他们的新闻有错误，政府可以命令他们更正；言论有失当，政府与党部可以驳正。今日种种检查审查的制度实在是琐碎而不必要的。至于因为一条两条新闻或一篇两篇社评的不合某人的脾胃而就执行停止邮寄，或拘捕记者，或封禁报馆，——这种事件实在是把一个现代政府自己降低到和旧日张宗昌一辈人的政府做同辈，即使真能做到人人敢怒而不敢言的快意境界，快意则快意矣，于国家人民的福利，于政府的声望，究竟有一丝一毫的裨补吗？今日政府领袖既揭起言论自由的新旗帜来了，我们盼望第一件实行的就是一切言论统制的取消。

第五，领袖诸公应该早日停止一切"统制文化"的迷梦。汪蒋两先生已宣言不愿"限制国民思想之发展"了。但今日有一些人还在高唱"统制文化"的口号。可怜今日的中国有多少文化可以统制？又有多少专家配做"统制文化"的事？在这个文化落后的国家，应该努力鼓励一切聪明才智之士依他们的天才和学力创造种种方面的文化，千万不要把有限的精力误用到消极的制裁压抑上去。试举文学艺术做个例。有人说："凡挑动阶级斗争的感情的文学艺术都应该禁止"；并且有许多小说和某些电影片已因此被禁止或被删削了。如果这个见解是对的，那么，杜甫的名句"朱门酒肉臭，路有冻死骨"也该挖板焚毁了！《诗经》里"不稼不穑，胡取禾三百廛兮"一类的名句也该禁止发行了！亚圣孟夫子的"庖有肥肉，厩有肥马，野有饿莩"也该毁板禁止了！举此一例，可见"文化统制"不是可以轻易谈或做的事。我们此时还不曾梦见现代文化是个什么样子；拼命的多方面的发展，还怕赶不出什么文化来。若再容许一些无知妄人去挑剔压抑，文化就许真不上咱们门上来了！

以上五事，不过是随便想出的几种具体事项，来充实汪蒋两先生的大原则。可是这些具体事项若不能做到，他们的原则就难叫我们信仰了。

（原载1934年12月9日天津《大公报》星期论文，又载1934年12月16日《独立评论》第131号）

今日思想界的一个大弊病

现在有一些写文字的人最爱用整串的抽象名词,翻来覆去,就像变戏法的人搬弄他的"一个郎当,一个郎当,郎当一郎当"一样。他们有时候用一个抽象名词来替代许多事实;有时候又用一大串抽象名词来替代思想;有时候同一个名词用在一篇文章里可以有无数的不同的意义。我们这些受过一点严格的思想训练的人,每读这一类的文字,总觉得无法抓住作者说的是什么话,走的是什么思路,用的是什么证据。老实说,我们看不懂他们变的是什么掩眼法。

我试从我平日最敬爱的一个朋友陶希圣先生的《为什么否认现在的中国》一篇里引一些例子。

(1)在先,资本主义的支配还不大厉害的时候,中国人便想自己也来一番资本主义,去追上欧美列强。

我们试想"也来一番资本主义"这句话是不是可以替代庚子拳祸以前的一切变法维新的企图？设船厂，兴海军，兴教育，改科举，立制造局，翻译格致书籍，派遣留学生等等，这都可以用"也来一番资本主义"包括了！这不是用抽象名词代替许多事实吗？

（2）胡先生在过去与封建主义争斗的光荣，是我们最崇拜最愿崇拜的。

这里说的是我自己了。然而我搜索我半生的历史，我就不知道我曾有过"与封建主义争斗的光荣"。压根儿我就不知道这四十年的中国"封建主义"是个什么样子。所以陶先生如果说我曾提倡白话文，我没法子抵赖。他恭维我曾与封建主义争斗，我只好对他说"小人无罪"。如果我做过什么"争斗"，我打的是骈文律诗古文，是死的文字，是某种某种混沌的思想，是某些某些不科学的信仰，是某个某个不人道的制度。这些东西各有很长的历史，各有他的历史演变的事实，都是最具体的东西，都不能用一个抽象名词（如"封建主义"）来解释他们，形容他们，或概括他们。即如骈文律诗，在中国古代封建制度的的确确存在的时代，何尝有骈文律诗的影子？骈文律诗起于比较很晚的时代，与封建主义何干？那个道地的封建制度之下，人们歌唱的（如《国风》）是白话，写的（如《论语》）也是白话。后来在一个统一的帝国之下，前一个时代的活文字渐渐僵死了，变成古文，被保留作统一帝国的交通工具，这与封建主义何干？又如我们所攻击的许多传统思想和信仰，绝大部分是两千年的长期印度化的产物，都不是中国古代封建制度之下原有的东西。把这些东西都归罪到"封建主义"一个名词，其错误等于说痨病由于痨病鬼，天花由于天花娘娘，自缢寻死由于吊死鬼寻替身！

以上的例子都是用一个抽象名词来替代许多具体的历史事实。这毛病是笼统，是混沌，是抹煞事实。

（3）没有殖民地，我们想像不到欧美的灿烂光华。

他们的灿烂光华是向殖民地推销商品和投下资本赚下来的。

（4）没有殖民地，资本主义便不能存在。

这样的推理，只是武断的把一串名词排成一个先后次序，把名词的先后次序替代了因果的关系。"没有殖民地，就没有了资本主义；没有了资本主义，就没有了欧美的灿烂光华。"多么简单干脆的推论！中国没有殖民地（？），中国就没有资本主义。德国的殖民地全被巴黎和约剥夺了，德国也就没有资本主义了，也就不会有灿烂光华了。明儿美国让菲律宾独立了，或者菲律宾和夏威夷群岛都被日本抢去了，美国的资本主义也就不能存在了。况且在三十六年前，美国压根儿就不曾有过一块殖民地，美国大概就没有资本主义了吧？大概也就没有什么"灿烂光华"了吧？这是史实吗？

以上的例子是用连串名词的排列来替代思想的层次，来冒充推理的程序。这毛病是懒惰，是武断。

（5）灿烂的个人自由的经济经营时代，至少是不能在中国再见的了。自由的旗帜高张起来也是空的。有组织有计划的生产，自然与自由主义的思想不相容。不过，民主或自由的思想在中国虽然空的很，却有一些重大的使命。这是因为封建主义还有存在。在对抗封建主义的阵容一点上，民主与自由主义是能够叫动社会同情的。如果误解这种同情的到来，是说中国的文化必走上民主自由的十九世纪欧美式上，那便推论得太远了一点了。

这一段文章里用"自由"一个名词，凡有六次。第一个"自由"是经济的,是自由竞争的经济经营。第二个"自由"好像是指民七八年以来我们一班朋友主张的自由主义的人生观和要求思想言论自由的政治主张。第三个"自由"就不好懂了:明明说的是"自由主义的思想",却又是和"有组织有计划的生产"不相容,又好像是指自由竞争的经济经营了。我们愚笨的很,只知道"自由主义的思想"和专制政治不相容,和野蛮黑暗的恶势力不相容;我们就没听见过它和"有组织有计划的生产"不相容。姑且不说大规模集中生产的资本主义也是"有组织有计划"的。试看看丹麦和其他北欧各国的各种生产合作制度,何尝不是"有组织有计划的生产"?又何尝与自由主义的思想不相容?所以这第三个"自由"当然还是第一次提到的自由竞争的经济经营。第四个"自由"又是指我们的思想言论自由的民治主张了。第五个"自由"也是如此。第六个"自由"的意义又特别扩大了,扩大到"十九世纪欧美式"的文化,这当然要包括自由竞争的经济制度和思想言论自由的政治要求等等了。

这里用"自由"六次,至少有三个不同的意义:(1)自由竞争的经济经营;(2)我们一班朋友要求思想言论自由的民治主张;(3)"十九世纪欧美式"的自由主义的文化。这三个广狭不同的意义,颠来倒去,忽下忽上,如变戏法的人抛起三个球,滚上滚下,使人眼睛都迷眩了,究竟看不清是一个球,还是三个球,还是五六个球。这样费大气力,变大花头,为的是什么呢?难道真是要叫读者眼光迷眩了,好相信胡适之不赞成"中国本位的文化建设"就是要"回转十九世纪欧美自由主义的路";而"回转十九世纪欧美自由主义的路"就等于犯了主张资本主义的大罪恶!

这样的例子是滥用一个意义可广可狭的名词,忽而用其广义,忽而用其狭义,忽而又用其最广义。近人用"资本主义","封建主义"等等名词,往往犯这种毛病。这毛病,无心犯的是粗心疏忽,有心犯的是舞文弄法。

这些例子所表示的,总名为"滥用名词"的思想作文方法。在思想上,它造成懒惰笼统的思想习惯;在文字上,它造成铿锵空洞的八股文章。这都是中国几千年的文字障的遗毒。古人的文字,谈空说有,说性谈天,主静主一,小部分都是"囊风囊雾""捕风捉影"的名词变戏法。"色不异空,空不异色;色即是空,空即是色。"这是人人皆知的模范文体。"用而不有,即有真空,空而不无,玄知妙有。妙有则摩诃般若,真空则清静涅磐。般若无照,能照涅磐;涅磐无生,能生般若。"我们现在读这样的文字,当然会感觉这是用名词变戏法了。但我们现在读某位某位大师的名著,高谈着"封建主义时期","商业资本主义时期","落后资本主义时期","亚细亚生产方式时期","资本主义文化","社会主义文化","中国本位文化建设","创造的综合","奥伏赫变","迎头赶上",……我们就不认得这也是搬弄名词的把戏了。

这种文字障,名词障,不是可以忽视的毛病。这是思想上的绝大障碍。名词是思想的一个重要工具。要使这个工具确当,用的有效,我们必须严格的戒约自己:第一,切不可乱用一个意义不曾分析清楚的抽象名词。(例如用"资本主义",你得先告诉我,你心里想像的是你贵处的每月三分的高利贷,还是伦敦纽约的年息二厘五的银行放款。)第二,与其用抽象名词,宁可多列举具体的事实:事实容易使人明白,名词容易使人糊涂。第三,名词连串的排列,不能替代推理:推理是拿出证据来,不是搬出名词来。第四,凡用一个意义有广狭的名词,不可随时变换它的涵义。第五,我们要记得唐朝庞居士临死时的两句格言:"但愿空诸所有,不可实诸所无。"本没有鬼,因为有了"大头鬼""长脚鬼"等等鬼名词,就好像真有鬼了。滥造鬼名词的人自己必定遭鬼迷,不可不戒!

二十四,五,二十七夜
(原载1935年6月2日《独立评论》第153号)

政制改革的大路

《独立》第一六二号有两篇讨论政制改革的文章。一篇是陈之迈先生的《政制改革的必要》，一篇是钱端升先生的《对于六中全会的期望》。他们两位同有两个大前提：

（1）今日的政制有改革的必要。
（2）今日不必开放政权，取消党治。

谈到具体主张，他们就不同了。陈之迈先生主张两点：

1. 承认国民党里各种派别，让它们组织起公开的集团，各提出政纲来，由中执委拣选一个集团来组织政府。到了中执委不信任政府时，可以更换政府，另推别个集团来组织政府。

2. 中政会的组织应改革：中政会是代表中执委监督政府的机关，政府须对它负责，故中政会里须有代表两个政团以上的中执委。政府不能履行它的政纲时，中政会得召集中执委全会来更换政府。

钱端升先生主张三点：

1. 党内各派应在一个最高领袖之下团结起来。——这个领袖，钱先生承认只有蒋介石先生最适宜。

2. 蒋先生虽做最高领袖，但不宜做一个独裁者，——只可做一个"不居名而有其实的最高领袖"。

3. 改革中政会议的组织，人数减至十五人至二十人，委员绝对不兼任何官职，任何官员亦绝对不参加决议。

在这六中全会将召集之时，中枢政制将有个改革的机会，我们当然欢迎政制改革的讨论。现在这种讨论已由钱陈两位政治学者开始了，我们盼望关心国事的人都认真想想这些问题，都参加这种讨论。我虽不是政治学者，读了钱陈两位先生的文章，也有一点门外汉的意见，现在写出来，请他们两位和别位政论家切实指教。

先讨论他们共同的大前提。

关于今日有改革政制的必要，我完全赞同。钱先生说："中央现行的政制，既不合政治学原理，又不适目前的国情，无怪其既无力量，又无效率。"陈先生也说"现在的政治制度根本有不妥当的地方"。这都是我完全同意的。

但是钱陈二先生都不主张开放政权，解除党治。这一个前提，我始终不很能了解。钱先生说：

> 我们的讨论仍以党治为出发点，因为我们深信在此国难严重之中，维持党政府的系统为最方便的改良内政之道。

陈先生说：

> 我的意思并不是说现在要开放政权，叫别的人组织别的党在国民党的卧榻之旁鼾睡。这是不可能的事实：在民主政治未曾确立以前没有主权者来裁判那个政党应当执政，那个政党应当下台，现在去玩民选的把戏是不会比民初或民二十高明多少的；事实上我们目今也找不到一班人能组织一个政党和那创造共和提倡三民主义的国民党抗衡的，勉强开放党禁只有重新开演民初党派合纵连横的怪剧。

这些理由，我看都不很充足。第一，维持党政府的系统并不一定是"最方便的改良内政之道"。这个道理很容易说明："党的内部组织不健全，派别是纷歧的，并且没有一个集团有力量消灭其他的集团，不特在各省如此，在中央亦是如此。"这是陈先生的话。这样的状态是不是最方便的改良内政之道？就拿钱先生主张的最高领袖制来说罢，钱先生也说："七八年来，党的分裂，党的不能团结，几无不以反蒋，或不与蒋合作为主因。"这样的状态是不是最方便的改革政制的条件？

第二，陈先生顾虑到"在民主政治未曾确立以前，没有主权者来裁判那个政党应当执政，那个政党应当下台。"这也不成问题。在"宪法修正稿"里，这个主权者是国民大会和国民委员会。在"宪法草案"里，这个主权者是国民大会。在"宪草"的总统制之下，总统就可以任免行政院长。这都是主持政权更替的合法机关。

第三，陈先生又说："事实上我们目今也找不到一班人能组织一个政党和那创造共和提倡三民主义的国民党抗衡的。"这正是不妨开放政权的绝好理由。在最近期间，国民党的政权是很稳固，不怕新兴的政党起来夺取的。但因为开放之后，政权有个可以被人取而代之的可能，国民党的政权也许可以比现在干的更高明一点。今日党治的腐败，大半是由于没有合法的政敌的监督。树立一个或多个竞争的政党正是改良国民党自身的最好方法。

我们为"那创造共和提倡三民主义的国民党"设想，此时正是绝好的开放政权的时机了。在一个多月之前，中央曾因华北问题取消了河北全省和平津两市的党部，党内无人抗议，党外也无人抗议，政府也无法抗拒。其实在党权高于一切的政体之下，取消一个大省的党部，就等于英国取消国会一样的严重。这样严重的事件，应该可以使党内贤明的领袖大觉大悟了。这样的政权是很难维持下去的。救济的方法，只有抛弃党治，公开政权的一条路子。

抛弃党治，公开政权，这不是说国民党立即下野。我的意思是说，国民党将来的政权应该建立在一个新的又更巩固的基础之上。那个新基础就是用宪法做基础，在宪政之下，接受人民的命令，执掌政权。上文已说过，我们眼前决不会有第二个政党可以同国民党抗衡的。不过在那个新的政制之下，名义是正的，人心是顺的，所以基础就也更稳固了。

所以我主张，改革政制的基本前提是放弃党治；而放弃党治的正当方法是提早颁布宪法，实行宪政。这是改革政制的大路。

次谈钱陈两先生的具体主张。

陈先生不主张党外有党,却主张党内有派,他要国民党内各派都分化成公开的政团,公开的提出政纲来作政治的竞争。"党内无派"的口号久已抛弃了,当日创此半句口号的人也早已建立新派系了。还有那上半句"党外无党",也没有存在的理由。既许党内有派,何以不许党外有党,如果有负责任的国民提出"具体的应付内政外交的策略",何以不许在国民党各派以外去组织政党?

老实说,我是不赞成政党政治的。我不信民主政治必须经过政党政治的一个阶段。此话说来太长,现在表过不提。我只要说,我不赞成政党,我尤不赞成"党权高于一切"的奇谈。我的常识告诉我:人民的福利高于一切,国家的生命高于一切。如果此时可以自由组党,我也不会加入任何党去的。可是我的意思总觉得,为公道计,为收拾全国人心计,国民党应该公开政权,容许全国人民自由组织政治团体。

陈钱两先生都提到国民党内部的团结问题。陈先生要用分化合作的方式来谋党内的团结,钱先生要在一个最高领袖之下谋党内的团结。我要指出一个重要观点:今日需要团结的,是全国的人心,不是三五个不合作的老头子,也不是三五组不合作的私人派系。陈钱两先生的方案,都只顾到了那三五人,或三五小组,而都忽略了那更广大的全国人心。司太林放逐了托洛茨基,何妨于他建国的大计?我们现在读托洛茨基的自传,最感觉不愉快的是他那悻悻然刻画私人党争的琐细,把司太林,齐诺维夫诸人都骂的不值半个纸卢布。其实最要紧的是要问:抓住政权的人们是不是真能拼命做出一点建国的成绩来,使绝大多数人的心理都公认他们抓住政权不是为一二人或某一组的私利?

所以今日当前的问题,不是三五人的合作不合作,也不是三五个小组的团结不团结。今日的真问题是收拾全国的人心。当九一八事件之后,政府的领袖首先谋党内的团结,开了许久的团结会议,结果还是至今没有团结成功。然而这四年的国难却渐渐使得国家统一大进步了。今日政府力量之强,远过四年前的状况,这是有目共睹的事实。四年中政治统一的进步,并不是由于三五个人的团结;今日政府的弱点也并不是由于三五个人的不合作。

这四年的历史的教训是:统一全国容易,团结党内很难。全国的人心是容易收拾的:当淞沪血战的时期,全国的人真是"万众一心"的拥护十九路军。但福建的"人民政府"起来时,十九路军的枪尖转向内,就不能得到各地的响应了。这样"捷如影响"的反应,难道我们不看见!党内的私斗就不同了。他们的争点或是私怨,或是私利,又往往不敢公然承认,总要借几个大名目大口号来作遮掩。他们骂政府不抗敌,他们自己抗敌了吗?他们骂政府贪污,他们自己不贪污了吗？他们骂政府压迫言论自由，他们自己真容许言论自由了吗？在这种私斗重于公谊的态度之下，党内的团结是很难做到的。

所以我主张，政制改革的下手方法是要把眼光放大些，着眼要在全国人心的团结，而不在党内三五人的团结。能团结全国人心了，那三五人也不会永远高蹈东海之滨的；若不能团结全国的人心，即使一两个天下之大老扶杖来归，也何补于政治的改革，何益于建国的大计？

而今日收拾全国人心的方法，除了一致御侮之外，莫如废除党治，公开政权，实行宪政。在宪政之下，党内如有不能合作的领袖，他们尽可以自由分化，另组政党。如此，则党内派别的纷歧，首领的不合作，都不了而自了了。

这是政制改革的大路。

其次，钱陈两先生都主张改革中政会议。在我提出的宪政前提之下，中政会议本不成问题。钱陈二先生要的是一个和平更替政权的机关。我在上文已说过，在宪政之下，这个和平更替政权的机关是国民大会。宪法初稿和修正稿都有"行政院设院长一人，由总统提经国民大会或国民委员会之同意，任免之"一条。去年立法院最后通过的宪法草案把这个国民委员会取消了。宪草在中政会议审查时是否还可以修正,现在我们不能预言。但无论如何,在宪法之下,我们不愁没有一个合法的政权更替的机关。

中政会议的全名是"中国国民党中央政治会议"。在现在的党治之下,党内重要领袖都要管部管院;既管院部了,又都不愿上头有个最后决议的机关管住他们,所以他们又都要兼任中政会议的委员。结果当然成了陈先生说的"监督者和被监督者,负责者和负责的对象,同是一班人"的怪现象。钱陈两位都主张把"这两个东西分开",但他们都不明白这个怪现象所以形成的事实。原来国民党的党政组织太繁重了,事实上一个部长只是一个第六级的小官,部长之上有院长,院长之上有五院合组的国民政府,政府之上有中政会议,中政会议之上有中执委全会,最后还有全国代表大会。四中全会改革的国民政府组织法,把行政院升作政府,把国民政府主席改作盖印画诺的机关,于是这六层宝塔并作四级了。然而最重要的可以冲突的两级——五院与中政会议——依然存在。既舍不得部院的实权,又不愿得了实权而反受人管辖牵制,于是非兼职不可了。事实上,政府的决议如果天天有被中政会议否决的危险,也不是行政效率上所应该有的事。所以这种办法也自有它存在的理由。钱陈二位的建议,完全不能解决这个事实上的困难,我可以断定这个办法是不会被接受的。

当九一八事变之后，上海南京大谈全国团结，当时就有人建议，把中政会议放大，请党外名人加入十八人。吴稚晖先生就指出中政会议是"中国国民党中央政治会议"，加入的党外委员必须有中委两人的介绍，加入党籍。可是那就又不成其为"开放政权"的表示了。于是一场议论终于没办法而散。现在钱端升先生又提议中政会议"少数不妨为国内其他的领袖"，"非党员的领袖不妨由全会特予党籍"。这个办法正是四年前的老话。我想"国内其他的领袖"恐怕不十分热心接受这种特予的荣誉罢。

所以中政会议是无法改革的。因为它是代表党来监督政府的，现在党的势力实不能监督政府，而政府也实不愿受党的监督，于是只有自己监督自己了。

所以改革中政会议也不如实行宪政，让人民的代表机关来监督政府。这是改革政制的大路。

最后，我们可以谈谈钱先生要请蒋介石先生作最高领袖但又不要他独裁的主张。

第一，钱先生为什么一面要蒋先生做党内的最高领袖，一面又要我们党外人"一致的拥护承认"呢？蒋先生是不是一个党的最高领袖，那不过是一党的私事，于我们何干？何必要我们"非党员，不反蒋，而又多少能领导国民的人们"

来拥护他，承认他？况且我们党外人又如何能"力促党内非蒋各派……拥他为领袖"？例如钱先生说的胡展堂先生的态度，岂是我们党外人能转移的吗？

我要用孟子的话对钱先生说："先生之志则大矣，先生之号则不可。"我们此时需要一个伟大的领袖来领导解救国难，但是这个领袖必须是一国的领袖，而不是一党一派的领袖。他自己尽可以继续站在党内做一党的领袖，正如他尽可以站在军中做一军的领袖一样。但他的眼光必须远超出党的利益之外，必须看到整个国家的利益。不能如此的，决不够资格做一国的领袖。

蒋介石先生在今日确有做一国领袖的资格，这并不是因为"他最有实力"，最有实力的人往往未必能做一国的领袖。他的资格正是钱先生说的"他近几年来所得到的进步"。他长进了；气度变阔大了，态度变和平了。他的见解也许有错误，他的措施也许有很不能满人意的，但大家渐渐承认他不是自私的，也不是为一党一派人谋利益的。在这几年之中，全国人心目中渐渐感觉到他一个人总在那里埋头苦干，挺起肩膊来挑担子，不辞劳苦，不避怨谤，并且"能相当的容纳异己者的要求，尊重异己者的看法"。在这一个没有领袖人才教育的国家里，这样一个能跟着经验长进的人物，当然要逐渐得着国人的承认。

所以蒋先生之成为全国公认的领袖，是个事实的问题，因为全国没有一个别人能和他竞争这个领袖的地位。

但是钱先生又说："蒋先生不应做独裁者。"这个主张出于主张极权主义的钱端升先生的笔下，是很可惊异，也很可佩服的。

只可惜钱先生没有充分说明蒋先生应该如何做方才可以做最高领袖而又不独裁。他只说：

（1）在名义上，此时绝不宜为总理及总统。

（2）务须做事比普通领袖多，责任比普通领袖重，而名义及享受则无别于别的领袖。

（3）他应继续为最高的军事长官。其他的事项，得主管院及中政会的同意后，亦可划归军事机关全权办理；但为保持行政系统起见，不应轻易支划。蒋先生应留意于大政方针的贯彻，及国民自卫力量的充实；但为分工合作起见，应充分信赖其他人材来分司各部行政。二三年来南京各机关的缺乏推动能力是不足为训的。

这里的三点，应该合看。他不宜做总理或总统，只应继续做军事最高领袖。他的责任应该划分清楚，应该充分信赖各部主管长官，使他们积极负责，他不应越俎代谋。

钱先生提出的三点，前两点是蒋先生能做的，后一点是他不容易做到的。蒋介石先生的最大缺点在于他不能把他自己的权限明白规定，在于他爱干涉到他的职权以外的事。军事之外，内政，外交，财政，教育，实业，交通，烟禁，卫生，中央的和各省的，都往往有他个人积极干预的痕迹。其实这不是独裁，只是打杂；这不是总揽万机，只是侵官。打杂是事实上决不会做的好的，因为天下没有万知万能的人，所以也没有一个能兼百官之事。侵官之害能使主管官吏不能负责做事。譬如一个校长时常干预教务长的事，则教务长的命令必不能被人看作最后的决定，而人人皆想侥幸，事事皆要越过教务长而请命于校长。如此则校长变成教务长，而教务长无事可办了。结果是校长忙的要命，而教务的事也终于办不好。所以古人说：

庖人虽不善庖，尸祝不越俎而代之矣。

又说：

处尊位者如尸，守官者如祝宰。尸虽能剥狗烧彘，弗为也；弗能，无亏也。俎豆之列次，黍稷之先后，虽知，弗教也；弗能，无害也。

这两段政治哲学，都是蒋先生应该考虑的。蒋先生的地位，和墨索里尼不同，和希忒拉也不同。他的特殊地位是双重的，一面他是一个全国的领袖，一面他又是一个军事最高长官。以前者的资格，他应该实行"处尊位者如尸"的哲学；以后者的资格，他却应该实行"守官者如祝宰"的哲学。军事长官是"守官"之责，有他的专门职责；有专守的职责而干预其他部分的职责，就成了尸祝越俎而干预庖人，他的敌人就可以说他"军人干政"了。最高领袖是"处高位"，他的任务是自居于无知，而以众人之所知为知；自处于无能，而以众人之所能为能；自安于无为，而以众人之所为为为。凡察察以为明，琐琐以为能，都不是做最高领袖之道。

所以钱先生说的最高领袖而不独裁，正是明白政治原理的学人的看法。可惜他没有明白指出蒋先生的双重地位，所以他说的方案还不能说的透澈。透澈的说法，好像应该是这样的：蒋先生应该认清他的"官守"，明定他的权限，不可用军事最高长官的命令来干预他的"官守"以外的政事。同时，他的领袖地位使他当然与闻国家的大政方针，他在这一方面应该自处于备政府咨询的地位，而不当取直接干预的方式。最浅近的比例是日本的西园寺公，西园寺无一兵一卒，而每次国家的政府首领都由他决定，决定之后他即退藏于密，不再干预。西园寺的地位完全是备政府咨询顾问而已，而他越谦退，他的地位却越隆高，他的意见越有效力。何况今日一个掌握全国军事大权的最高领袖呢？

这是我为钱先生的"最高领袖而不独裁"的主张下的解释。这三年多，蒋先生的声望的增高，毁谤的减少，其间也很得力于他的让出国民政府主席，让出行政院，而用全力做他的军事职责。蒋汪合作的大功效在此。因为他不当政府的正面，独裁的形式减少了，所以他的领袖地位更增高了。这也可以证明最高的领袖不必采取独裁的方式。

倘使蒋先生能明白这段历史的教训，他应该用他的声望与地位，毅然进一步作宪政的主张，毅然出来拥护宪法草案，促进宪政的实行，使国家政制有一个根本改革的机会，使政府各部分的权限都有一个宪法的规定，使全国的政权重新建立在宪法的基础之上；而他自己则不做总统，不组政府，始终用全力为国家充实自卫的力量，用其余力备政府的咨询顾问，作一个有实力的西园寺公，作一个不做总统的兴登堡，——倘使他能如此做，那才是真正做到了不独裁的全国最高领袖。只有一个守法护宪的领袖是真正不独裁而可以得全国拥戴的最高领袖。那是政制改革的大路。

二十四，八，五夜

（原载1935年8月11日《独立评论》第163号）

再谈谈宪政

我读了张佛泉先生的《我们究竟要什么样的宪法》,我很赞同他的意见,所以忍不住要写一段短尾巴在后面。

我十分佩服张先生大胆的指出:我们三十年所以不能行宪政,大部分的原因在于国人对宪政的误解,在于把宪政看作了一种高不可攀的理想。张先生要我们明白民治宪政不是个"悬在人民生活以外的一个空鹄的",只是个"活的生活过程"。因为如此,所以"宪政随时随处都可以开始"。因为如此,所以张先生主张宪政开始时规模不妨很小,范围不妨很狭,只要做到"有力便容它发挥"的一步,就算是奠定了民治的基础。

在三四年前,我和蒋廷黻先生讨论"建国与专制"的时候,我曾发表一个"很狂妄的僻见",大致如下:

我观察近几十年的世界政治，感觉到民主宪政只是一种幼稚的政治制度，最适宜于训练一个缺乏政治经验的民族。……民主政治的好处在于不甚需要出类拔萃的人才；在于可以逐渐推广政权，有伸缩的余地；在于"集思广益"，使许多阿斗把他们的平凡常识凑起来也可以勉强对付；在于给多数平庸的人有个参加政治的机会，可以训练他们爱护自己的权利。……在我们这样缺乏人才的国家，最好的政治训练是一种可以逐渐推广政权的民主宪政。（《独立》第八十二期）

我这个"僻见"，蒋廷黻先生不屑答复；有一天他对我说："你那一段议论简直是笑话，不值得讨论。"过了一年之后，丁在君先生在《大公报》的星期论文里引了我这一段话的第一句，他的批评是："这句话是不可通的。"（丁先生的全文转载在《独立》第一三三期）这大概是因为我不是专学政治学的人，所以我的"僻见"，廷黻先生说是"笑话"，在君先生说是"不可通的"。

我自己相信，上文说的僻见并不是笑话，乃是我在美国七年细心观察民主宪政实地施行的结论。我也曾学政治理论和制度，我的运气最好，我最得力的政治学先生是曾在Ohio做过多年实际政治改革的Samuel P. Orth。例如他教我们"政党论",从不用书本子；那年正当1912的大选年，他教我们每人每天看三个大党（那年罗斯福组织了进步党）的三种代表报纸，每周做报告；并且每人必须参加各党的竞选演说会场；此外，我们每人必须搜集四十八邦的"选举舞弊法"，作比较的分析。我受了他的两年训练，至今看不起那些从教科书里学政治的人们。我对于民主宪政的始终信仰拥护，完全是因为我曾实地观察这种政治的施行，从实地观察上觉悟到这种政治并不是高不可及的理想制度，不过是一种有伸缩余地，可以逐渐改进，逐渐推广政权的常识政治。我在三年前答丁在君的论文里，曾发挥这个意思：

> 民主政治的好处正在他能使那大多数"看体育新闻，读侦探小说"的人每"逢时逢节"都得到选举场里想想一两分钟的国家大事。平常人的政治兴趣不过尔尔。平常人的政治能力也不过尔尔。……英美国家知道绝大多数的阿斗是不配干预政治，也不爱干预政治的，所以充分容许他们去看棒球，看赛马，看Cricket，看电影，只要他们"逢时逢节"来画个诺，投张票，做个临时诸葛亮，就行了。这正是幼稚园的政治，这种政治经验是不难学得的。(《独立》第一三三期)

我在美国看过两次大选举；去年在美国看了第三次大选举，看了第二个罗斯福在那个全国资本家极力反对的空气之下得到总票数百分之六十四的空前大胜利，我的民主宪政的信念又得了一种最坚强的印证。我更深信：民治国家的阿斗不用天天血脉奋张的自以为"专政"，他们只须逢时逢节，在要紧关头，画一个"诺"或画一个"No"，这种政制因为对于人民责望不太奢，要求不太多，所以最合于人情，最容易学，也最有效力。

现在我很高兴，政治学者张佛泉先生居然也发表了一篇和我的"僻见"很接近的论文！如果我没有读错他的论点，他的主张是这样的：（1）民主宪政不是什么高不可及的理想目标，只不过是一种过程。这正是我当年立论的用意。我说民主宪政是幼稚的政治，正是要打破向来学者把宪政看的太高的错误见解。（2）宪政随时随处都可以开始，开始时不妨先从小规模做起，人民有力量就容他发挥。这也是和我的"逐渐推广政权"的说法很接近。干脆的说，我们不妨从幼稚园做起，逐渐升学上去！

现在的最大毛病就在不肯从幼稚园做起。即如此次国民大会的选举法规定"中华民国人民年满二十岁经公民宣誓者，有选举国民大会代表之权"，这就等于"普选"了！（因为不识字的人也可以教会背诵公民宣誓的。）又如初办宪政就规定一个一千四百四十人的国民大会，这又是不肯从幼稚园做起的大错误。

现在政府把国民大会的职权缩小到制宪和规定宪法施行日期两项，这确是一个救济方法。但我们要注意，国民大会的组织法第十条规定大会会期为十日至二十日，必要时得延长之。既说是"制宪"，就不应该是仅仅通过那已成的宪草。我们希望，在国民大会召集之前，大家能多多的，细细的，想想"我们究竟要什么样的宪法"一个大问题。我们希望，国民大会应该有长时期可以从从容容的制宪。我们更希望，国民大会所制的宪法是一种"能行能守"的幼稚园宪法。

廿六，五，廿三夜

（原载1937年5月30日《独立评论》第236号）

我们能行的宪政与宪法

最近有几位朋友在《独立评论》上讨论中国宪政问题，我们得到的结论颇有出人意外的一致。我现在想把这个结论提出来，供全国国民的考虑评论。

我们的结论的第一点是：宪政不是什么高不可攀的理想，是可以学得到的一种政治生活的习惯。宪政并不须人人"躬亲政治"，也不必要人人都能行使"创制，复决，罢免"各种政权。民主宪政不过是建立一种规则来做政府与人民的政治活动的范围；政府与人民都必须遵守这个规定的范围，故称为宪政；而在这个规定的范围之内，凡有能力的国民都可以参加政治，他们的意见都有正当表现的机会，并且有正当方式可以发生政治效力，故称为民主宪政。这种有共同遵守的规则的政治生活就是宪政，其中并没有多大玄妙，就如同下棋的人必须遵守"马走日字，象走田字，炮隔子打，卒走一步"的规矩一样；就如同打马将的人必须遵守马将规矩一样；就如同田径赛的人必须遵守田径赛规矩一样。下棋的人犯了规矩，对方可以纠正他；打马将的人犯了规矩，同桌的人可以拒绝承认；田径赛的人犯了规矩，同赛的人可以请求评判员公判处罚。这就是小规模的民主宪政。我们能遵守下棋，打马将，打网球，赛跑的规则，我们也学得会民主宪政的生活习惯。

　　我们的结论的第二点是：宪政可以随时随地开始，但必须从幼稚园下手，逐渐升学上去。宪政是一种政治生活的习惯，唯一的学习方法就是实地参加这种生活。宪政的学习方法就是实行宪政，民治的训练就是实行民治，就如同学游泳必须下水，学网球必须上场一样。但"千里之行，始于足下"，这个"下学而上达"的程序是不能免的。所以我们几个朋友都不赞成现行的国民大会选举法的"普通平等"的选举方式。我们主张先从有限制的选举权下手，从受过小学教育一年以上的公民下手，跟着教育的普及逐渐做到政权的普及。这不是用教育程度来剥夺多数人的选举权；这只是用选举权来鼓励人民读书识字。我们也不赞成现在的人轻易主张"创制，复决，罢免"三权。这些民治新方式都是在代议制的民主宪政长久实行之后用来补充代议制之不足的。我们此时应该从一种易知易行的代议制下手，不必高谈一些不易实行的"直接民治"的理想。

我们的结论的第三点是：现在需要的宪法是一种易知易行而且字字句句都就可实行的宪法。宪政的意义是共同遵守法律的政治；宪政就是守法的政治。如果根本大法的条文就不能实行，就不能遵守，那就不能期望人民尊重法律，也就不能训练人民养成守法的习惯了。古史上曾有商鞅下移木之令，使人民相信他立的法是必须执行的。汉高祖请叔孙通制定朝仪，他的训令只是这样一句话：

可试为之，令易知，度吾所能行者为之。

叔孙通的朝仪草成之后，先在野外搭篷演习，演习了一个多月之后，叔孙通请高祖去参观演习。高祖看了，说：

吾能为此。

他然后令群臣学习这个新朝仪。叔孙通的朝仪所以能发生效果，正是因为它是一部试演过的易知易行的制度。如果叔孙通制定了一部理想很高而不能行的朝仪，汉高帝第一个就不能行，那一班酒醉妄呼拔剑击柱的功臣也就不肯遵守了。汉高祖给叔孙通的训令——"令易知，度吾所能行者为之"——真是今日制宪的金玉良言。我们主张,我们的宪法里必不可有一句不能实行的条文。例如宪法草案第一百三十七条规定"教育经费之最低限度,在中央为其预算总额百分之十五,在省区及县市为其预算总额百分之三十"。但我们查今年的国家预算案,教育文化费只占预算总额"百分之四点二八"。宪法颁布之后,是否我们就能每年增加一万万元的教育经费呢!如果不能,这一条可以放在任何种人的论文演说里,而不可留在宪法里做一条具文!依此标准,我们主张暂时把宪草里的第六(国民经济)和第七(教育)两章完全删去。又依此标准,我们主张,宪草第五章(地方制度)里的县长民选和市长民选两条,如果此时不能实行,也都应该删去。至于国民大会职权之中的"创制法律,复决法律",也决不是那每三年集会一个月的国民大会所能行使的,这一类的空文也应该删去。这样删改之后,去年五月五日公布的宪草大概可以成为一个字字句句可以实行的国家根本大法,可以做宪政的开始了。

二十六年,七月,二日
(原载1937年7月4日天津《大公报》星期论文,又载1937年7月11日《独立评论》第242号)

容忍与自由

十七八年前,我最后一次会见我的母校康耐儿大学的史学大师布尔先生(George Lincoln Burr)。我们谈到英国史学大师阿克顿(Lord Acton)一生准备要著作一部《自由之史》,没有写成他就死了。布尔先生那天谈话很多,有一句话我至今没有忘记。他说,"我年纪越大,越感觉到容忍(tolerance)比自由更重要"。

布尔先生死了十多年了,他这句话我越想越觉得是一句不可磨灭的格言。我自己也有"年纪越大,越觉得容忍比自由还更重要"的感想。有时我竟觉得容忍是一切自由的根本:没有容忍,就没有自由。

我十七岁的时候(1908)曾在《竞业旬报》上发表几条《无鬼丛话》,其中有一条是痛骂小说《西游记》和《封神榜》的,我说:

> 《王制》有之:"假于鬼神时日卜筮以疑众,杀。"吾独怪夫数千年来之排治权者,之以济世明道自期者,乃懵然不之注意,惑世诬民之学说得以大行,遂举我神州民族投诸极黑暗之世界!

这是一个小孩子很不容忍的"卫道"态度。我在那时候已是一个无鬼论者、无神论者,所以发出那种摧除迷信的狂论,要实行《王制》(《礼记》的一篇)的"假于鬼神时日卜筮以疑众,杀"的一条经典!

我在那时候当然没有梦想到说这话的小孩子在十五年后(1923)会很热心的给《西游记》作两万字的考证!我在那时候当然更没有想到那个小孩子在二、三十年后还时时留心搜求可以考证《封神榜》的作者的材料!我在那时候也完全没有想想《王制》那句话的历史意义。那一段《王制》的全文是这样的:

> 析言破律,乱名改作,执左道以乱政,杀。作淫声异服奇技奇器以疑众,杀。行伪而坚,言伪而辩,学非而博,顺非而泽以疑众,杀。假于鬼神时日卜筮以疑众,杀。此四诛者,不以听。

我在五十年前,完全没有懂得这一段话的"诛"正是中国专制政体之下禁止新思想、新学术、新信仰、新艺术的经典的根据。我在那时候抱着"破除迷信"的热心,所以拥护那"四诛"之中的第四诛:"假于鬼神时日卜筮以疑众,杀。"我当时完全没有想到第四诛的"假于鬼神……以疑众"和第一诛的"执左道以乱政"的两条罪名都可以用来摧残宗教信仰的自由。我当时也完全没有注意到郑玄注里用了公输般作"奇技异器"的例子;更没有注意到孔颖达《正义》里举了"孔子为鲁司寇七日而诛少正卯"的例子来解释"行伪而坚,言伪而辩,学非而博,顺非而泽以疑众,杀"。故第二诛可以用来禁绝艺术创作的自由,也可以用来"杀"许多发明"奇技异器"的科学家。故第三诛可以用来摧残思想的自由,言论的自由,著作出版的自由。

我在五十年前引用《王制》第四诛,要"杀"《西游记》《封神榜》的作者。那时候我当然没有梦想到十年之后我在北京大学教书时就有一些同样"卫道"的正人君子也想引用《王制》的第三诛,要"杀"我和我的朋友们。当年我要"杀"人,后来人要"杀"我,动机是一样的:都只因为动了一点正义的火气,就都失掉容忍的度量了。

我自己叙述五十年前主张"假于鬼神时日卜筮以疑众,杀"的故事,为的是要说明我年纪越大,越觉得"容忍"比

"自由"还更重要。

我到今天还是一个无神论者,我不信有一个有意志的神,我也不信灵魂不朽的说法。但我的无神论和共产党的无神论有一点最根本的不同。我能够容忍一切信仰有神的宗教,也能够容忍一切诚心信仰宗教的人。共产党自己主张无神论,就要消灭一切有神的信仰,要禁绝一切信仰有神的宗教,——这就是我五十年前幼稚而又狂妄的不容忍的态度了。

我自己总觉得,这个国家、这个社会、这个世界,绝大多数人是信神的,居然能有这雅量,能容忍我的无神论,能容忍我这个不信神也不信灵魂不灭的人,能容忍我在国内和国外自由发表我的无神论的思想,从没有人因此用石头掷我,把我关在监狱里,或把我捆在柴堆上用火烧死。我在这个世界里居然享受了四十多年的容忍与自由。我觉得这个国家、这个社会、这个世界对我的容忍度量是可爱的,是可以感激的。

所以我自己总觉得我应该用容忍的态度来报答社会对我的容忍。所以我自己不信神,但我能诚心的谅解一切信神的人,也能诚心的容忍并且敬重一切信仰有神的宗教。

我要用容忍的态度来报答社会对我的容忍,因为我年纪越大,我越觉得容忍的重要意义。若社会没有这点容忍的气度，我决不能享受四十多年大胆怀疑的自由，公开主张无神论的自由了。

在宗教自由史上，在思想自由史上，在政治自由史上，我们都可以看见容忍的态度是最难得，最稀有的态度。人类的习惯总是喜同而恶异的，总不喜欢和自己不同的信仰、思想、行为。这就是不容忍的根源。不容忍只是不能容忍和我自己不同的新思想和新信仰。一个宗教团体总相信自己的宗教信仰是对的，是不会错的，所以它总相信那些和自己不同的宗教信仰必定是错的，必定是异端，邪教。一个政治团体总相信自己的政治主张是对的，是不会错的，所以它总相信那些和自己不同的政治见解必定是错的，必定是敌人。

一切对异端的迫害，一切对"异己"的摧残，一切宗教自由的禁止，一切思想言论的被压迫，都由于这一点深信自己是不会错的心理。因为深信自己是不会错的，所以不能容忍任何和自己不同的思想信仰了。

试看欧洲的宗教革新运动的历史。马丁路德（Martin Luther）和约翰高尔文（John Calvin）等人起来革新宗教，本来是因为他们不满意于罗马旧教的种种不容忍，种种不自由。但是新教在中欧北欧胜利之后，新教的领袖们又都渐渐走上了不容忍的路上去，也不容许别人起来批评他们的新教条了。

高尔文在日内瓦掌握了宗教大权,居然会把一个敢独立思想,敢批评高尔文的教条的学者塞维图斯(Servetus)定了"异端邪说"的罪名,把他用铁链锁在木桩上,堆起柴来,慢慢的活烧死。这是1553年10月23日的事。

这个殉道者塞维图斯的惨史,最值得人们的追念和反省。宗教革新运动原来的目标是要争取"基督教的人的自由"和"良心的自由"。何以高尔文和他的信徒们居然会把一位独立思想的新教徒用慢慢的火烧死呢?何以高尔文的门徒(后来继任高尔文为日内瓦的宗教独裁者)柏时(de Bèze)竟会宣言"良心的自由是魔鬼的教条"呢?

基本的原因还是那一点深信我自己是"不会错的"的心理。像高尔文那样虔诚的宗教改革家,他自己深信他的良心确是代表上帝的命令,他的口和他的笔确是代表上帝的意志,那末他的意见还会错吗?他还有错误的可能吗?在塞维图斯被烧死之后,高尔文曾受到不少人的批评。1554年,高尔文发表一篇文字为他自己辩护,他毫不迟疑的说,"严厉惩治邪说者的权威是无可疑的,因为这就是上帝自己说话。……这工作是为上帝的光荣战斗。"

上帝自己说话,还会错吗?为上帝的光荣作战,还会错吗?这一点"我不会错"的心理,就是一切不容忍的根苗。深信我自己的信念没有错误的可能(infallible),我的意见就是"正义",反对我的人当然都是"邪说"了。我的意见代表上帝的意旨,反对我的人的意见当然都是"魔鬼的教条"了。

这是宗教自由史给我们的教训:容忍是一切自由的根本;没有容忍"异己"的雅量,就不会承认"异己"的宗教信仰可以享自由。但因为不容忍的态度是基于"我的信念不会错"的心理习惯,所以容忍"异己"是最难得,最不容易养成的雅量。

在政治思想上,在社会问题的讨论上,我们同样的感觉到不容忍是常见的,而容忍总是很稀有的,我试举一个死了的老朋友的故事作例子。四十多年前,我们在《新青年》杂志上开始提倡白话文学的运动,我曾从美国寄信给陈独秀,我说:

> 此事之是非,非一朝一夕所能定,亦非一二人所能定。甚愿国中人士能平心静气与吾辈同力研究此问题。讨论既熟,是非自明。吾辈已张革命之旗,虽不容退缩,然亦决不敢以吾辈所主张为必是而不容他人之匡正也。

独秀在《新青年》上答我道：

> 鄙意容纳异议，自由讨论，固为学术发达之原则，独于改良中国文学当以白话为正宗之说，其是非甚明，必不容反对者有讨论之余地；必以吾辈所主张者为绝对之是，而不容他人之匡正也。

我当时看了就觉得这是很武断的态度。现在在四十多年之后，我还忘不了独秀这一句话，我还觉得这种"必以吾辈所主张者为绝对之是"的态度是很不容忍的态度，是最容易引起别人的恶感，是最容易引起反对的。

我曾说过，我应该用容忍的态度来报答社会对我的容忍。我现在常常想我们还得戒律自己：我们若想别人容忍谅解我们的见解，我们必须先养成能够容忍谅解别人的见解的度量。至少至少我们应该戒约自己决不可"以吾辈所主张者为绝对之是"。我们受过实验主义的训练的人，本来就不承认有"绝对之是"，更不可以"以吾辈所主张者为绝对之是"。

四八，三，十二晨
（原载1959年3月16日台北《自由中国》第20卷第6期）

我们走那条路

缘　起

我们几个朋友在这一两年之中常常聚谈中国的问题，各人随他的专门研究，选定一个问题，提出论文，供大家的讨论。去年我们讨论的总题是"中国的现状"，讨论的文字也有在《新月》上发表的。如潘光旦先生的《论才丁两旺》（《新月》二卷四号），如罗隆基先生的《论人权》（《新月》二卷五号），都是用讨论的文字改作的。

今年我们讨论的总题是"我们怎样解决中国的问题？"分了许多子目，如政治，经济，教育，等等，由各人分任。但在分配题目的时候，就有人提议说："在讨论分题之前，我们应该先想想我们对于这些各个问题有没有一个根本的态度。究竟我们用什么态度来看中国的问题？"几位朋友都赞成有这一篇概括的引论，并且推我提出这篇引论。

这篇文字是四月十二夜提出讨论的。当晚讨论的兴趣的浓厚鼓励我把这篇文字发表出来，供全国人的讨论批评。以后别位朋友讨论政治、经济等等各个问题的文字也会陆续发表。

十九，四，十三胡适

我们今日要想研究怎样解决中国的许多问题，不可不先审查我们对于这些问题根本上抱着什么态度。这个根本态度的决定，便是我们走的方向的决定。古人说得好：

> 今夫盲者行于道，人谓之左则左，谓之右则右。遇君子则得其平易，遇小人则蹈于沟壑。(《淮南·泛论训》，文字依《意林》引)

这正是我们中国人今日的状态。我们平日都不肯澈底想想究竟我们要一个怎样的社会国家，也不肯澈底想想究竟我们应该走那一条路才能达到我们的目的地。事到临头，人家叫我们向左走，我们便撑着旗，喊着向左走；人家叫我们向右走，我们也便撑着旗，喊着向右走。如果我们的领导者是真真睁开眼睛看过世界的人，如果他们确是睁着眼睛领导我们，那么，我们也许可以跟着他们走上平阳大路上去。但是，万一我们的领导者也都是瞎子，也在那儿被别人牵着鼻子走，那么，我们真有"盲人骑瞎马，夜半临深池"的大危险了。

我们不愿意被一群瞎子牵着鼻子走的人，在这个时候应该睁开眼睛看看面前有几个岔路，看看那一条路引我们到那儿去，看看我们自己可以并且应该走那一条路。

我们的观察和判断自然难保没有错误，但我们深信自觉的探路总胜于闭了眼睛让人牵着鼻子走。我们并且希望公开的讨论我们自己探路的结果可以使我们得着更正确的途径。

在我们探路之前，应该先决定我们要到什么地方去，——我们的目的地。这个问题是我们的先决问题，因为如果我们不想到那儿去，又何必探路呢？

现时对于这个目的地，至少有这三种说法：

(1) 中国国民党的总理孙中山说，国民革命的"目的在于求中国之自由平等"。

(2) 中国青年党（国家主义者）说，国家主义的运动"就是要国家能够独立，人民能够自由，而在国际上能够站得住的种种运动"。

(3) 中国共产党现在分化之后，理论颇不一致；但我们除去他们内部的所谓史大林——托洛斯基之争,可以说他们还有一个共同目的地,就是"巩固苏联无产阶级专政,拥护中国无产阶级革命"。

我们现在的任务不在讨论这三个目的地,因为这种讨论徒然引起无益的意气,而且不是一千零一夜打得了的笔墨官司。

我们的任务只在于充分用我们的知识,客观的观察中国今日的实际需要,决定我们的目标。我们第一要问,我们要铲除的是什么?这是消极的目标。第二要问,我们要建立的是什么?这是积极的目标。

我们要铲除打倒的是什么?我们的答案是:

我们要打倒五个大仇敌:

第一大敌是贫穷。

第二大敌是疾病。

第三大敌是愚昧。

第四大敌是贪污。

第五大敌是扰乱。

这五大仇敌之中,资本主义不在内,因为我们还没有资格谈资本主义。资产阶级也不在内,因为我们至多有几个小富人,那有资产阶级?封建势力也不在内,因为封建制度早已在二千年前崩坏了。帝国主义也不在内,因为帝国主义不能侵害那五鬼不入之国。帝国主义为什么不能侵害美国和日本？为什么偏爱光顾我们的国家？岂不是因为我们受了这五大恶魔的毁坏，遂没有抵抗的能力了吗？故即为抵抗帝国主义起见，也应该先铲除这五大敌人。

这五大敌人是不用我们详细证明的。余天休先生曾说中国人口百分之九十五在贫穷线以下。张振之先生（《目前中国社会的病态》）估计贫民数目占全国人口三分之一以上。张先生引四川李敬穆先生的话，说：依据甘布尔，狄麦尔，以及北京的成府，安徽的湖边村的调查，中国穷人总数当占全国人口百分之五十（李先生假定一家最低生活费为一三〇元至一六〇元，凡一家庭每年收入在这数目以下，便是穷人）。近来所得社会调查的结果，如李景汉先生《北平郊外之乡村家庭》等书所报告，都可以证明李敬穆先生的估计是大体不错的。有些地方的穷人竟在百分之七十三以上（李景汉调查北平郊外挂甲屯的结果），或竟至百分之八十二以上（民十一华洋义赈会调查结果）。这就离余天休先生的估计不远了。这是我们的第一大敌。

疾病是我们种弱的大原因。瘟疫的杀人，肺结核花柳病的杀人灭族，这都是看得见的。还有许多不明白杀人而势力可以毁灭全村，可以衰弱全种的疾病，如疟疾便是最危险又最普遍的一种。近年有科学家说希腊之亡是由于疟疾，罗马的衰亡也由于疟疾。这话我们听了也许不相信。但我们在中国内地眼见整个的村庄渐渐被疟疾毁为荆棘地，眼见害疟疾的人家一两代之后人丁绝灭，眼见有些地方竟认疟疾为与生俱来不可避免的病痛（我们徽州人叫它做"胎疟"，说人人都得害一次的！），我们不得不承认疟疾的可怕甚于肺结核，甚于花柳，甚于鸦片。在别的国家，疟疾是可以致死的，故人人知道它可怕。中国人受疟疾的侵害太久了，养成了一点抵抗力，可以苟延生命，不致于立死，故人都不觉其可怕。其实正因为它杀人不见血，灭族不留痕，故格外可怕。我们没有人口统计，但世界学者近年都主张中国人口减少而不见增加。我们稍稍观察内地的人口减少的状态，不能不承认此说的真确。张振之先生在他的《中国社会的病态》里，引了一些最近的各地统计，无一处不是死亡率超过出生率的。例如：

广州市十七年五月到八月每周死亡超过出生平均为六十人。

广州市十七年八月到十一月每周死亡超过出生平均六十七人。

南京市十七年一月到十一月平均每月多死二百七十一人，每周平均多死六十二人。

不但城市如此，内地人口减少的速度也很可怕。我在三十年之中就亲见家乡许多人家绝嗣衰灭。疾病瘟疫横行无忌，医药不讲究，公共卫生不讲究，那有死亡不超过出生的道理？这是我们的第二大敌。

愚昧是更不须我们证明的了。我们号称五千年的文明古国，而没有一个三十年的大学（北京大学去年十二月满三十一年，圣约翰去年十二月满五十年，都是连初期幼稚时代计算在内）。在今日的世界，那有一个没有大学的国家可以竞争生存的？至于每日费一百万元养兵的国家，而没有钱办普及教育，这更是国家的自杀了。因为愚昧，故生产力低微，故政治力薄弱，故知识不够救贫救灾救荒救病，故缺乏专家，故至今日国家的统治还在没有知识学问的军人政客手里。这是我们的第三大敌。

贪污是我们这个民族的最大特色。不但国家公开"捐官"曾成为制度，不但二十五年没有考试任官制度之下的贪污风气更盛行，这个恶习惯其实已成了各种社会的普遍习惯，正如亨丁顿说的：

> 中国人生活里有一件最惹厌的事，就是有一种特殊的贪小利行为，文言叫做"染指"，俗语叫做"揩油"。上而至于军官的克扣军粮，地方官吏的刮地皮，庶务买办的赚钱，下而至于家里老妈子的"揩油"，都是同性质的行为。

这是我们的第四大敌。

扰乱也是最大的仇敌。太平天国之乱毁坏了南方的精华区域，六七十年不能恢复。近二十年中，纷乱不绝，整个的西北是差不多完全毁了，东南西南的各省也都成了残破之区，土匪世界。美国生物学者卓尔登（David Starr Jordan）曾说，日本所以能革新强盛，全靠维新以前有了二百五十年不断的和平，积养了民族的精力，才能够发愤振作。我们眼见这二十年内战的结果，贫穷是更甚了，疾病死亡是更多了，教育是更破产了，——避兵避匪逃荒逃死还来不及，那能办教育？——租税是有些省分预征到民国一百多年的了，贪污是更明目张胆的了。(《中国评论周报》本年1月30日社论说，民国成立以来，官吏贪污更甚于从前。) 然而还有无数人天天努力制造内乱！这是我们的第五个大仇敌。

以上略述我们认为应该打倒的五大仇敌。毁灭这五鬼，便是同时建立我们的新国家。我们要建立的是什么？

我们要建立一个治安的，普遍繁荣的，文明的，现代的统一国家。

"治安的"包括良好的法律政治，长期的和平，最低限度的卫生行政。"普遍繁荣的"包括安定的生活，发达的工商业，便利安全的交通，公道的经济制度，公共的救济事业。

"文明的"包括普遍的义务教育，健全的中等教育，高深的大学教育，以及文化各方面的提高与普及。"现代的"总括一切适应现代环境需要的政治制度，司法制度，经济制度，教育制度，卫生行政，学术研究，文化设备等等。

这是我们的目的地。我们深信：决没有一个"治安的，普遍繁荣的，文明的，现代的统一国家"而不能在国际上享受独立，自由，平等的地位的。我们不看见那大战后破产而完全解除军备的德国在战败后八年被世界列国恭迎入国际联盟，并且特别为她设一个长期理事名额吗？

目的地既定，我们才可以问：我们应该用什么法子，走那一条路，才可以走到那目的地呢？

我们一开始便得解决一个歧路的问题：还是取革命的路呢？还是走演进（evolution）的路呢？还是另有第三条路呢？——这是我们的根本态度和方法的问题。

革命和演进本是相对的，比较的，而不是绝对相反的。顺着自然变化的程序，如瓜熟蒂自落，如九月胎足而产婴儿，这是演进。在演进的某一阶段上，加上人功的促进，产生急骤的变化；因为变化来的急骤，表面上好像打断了历史上的连续性，故叫做革命。其实革命也都有历史演进的背景，都有历史的基础。如欧洲的"宗教革命"，其实已有了无数次的宗教革新运动作历史的前锋，如中古晚期的唯名论（Nominalism）的思想，如十三世纪以后的文艺复兴的潮流，如弗浪西斯派的和平的改革，如威克立夫（Wyclif）和赫司（Huss）等人的比较急进的改革，如各国的君主权力的扩大，这都是十六世纪的宗教革命的历史背景。火药都埋好了，路得等人点着火线，于是革命爆发了。故路得等人的宗教革新运动可以叫做革命，也未尝不可以说是历史演进的一个阶段。

又如所谓"工业革命"，更显出历史逐渐演进的痕迹，而不是急骤的革命。基本的机械知识，在十六世纪已渐渐发明了；十六世纪已有专讲机器的书了，十七世纪已是物理的科学很发达的时代了，故十八世纪后半的机器生产方法，其实只是几百年逐渐积聚的知识与经验的结果。不过瓦特（Watt）的蒸汽机出世以后，机器的动力根本不同了，表面上便呈现一个骤变的现象，故我们叫这个时代做工业革命时代。其实生产方法的革新，前面可以数到十五六世纪，后面一直到我们今日还在不断的演进。

政治史上所谓"革命"，也都是不断的历史演进的结果。美国的独立，法国的大革命，俄国的1917的两次革命，都有很长的历史背景。莫斯科的"革命博物馆"把俄国大革命的历史一直追溯到三四百年前的农民暴动，便是这个道理。中国近年的革命至少也可以从明末叙起。

所以革命和演进只有一个程度上的差异，并不是绝对不相同的两件事。变化急进了，便叫做革命；变化渐进，而历史上的持续性不呈露中断的现状，便叫做演进。但在方法上，革命往往多含一点自觉的努力，而历史演进往往多是不知不觉的自然变化。因为这方法上的不同，在结果上也有两种不同：第一，无意的自然演变是很迟慢的，是很不经济的，而自觉的人功促进往往可以缩短改革的时间。第二，自然演进的结果往往留下许多久已失其功用的旧制度和旧势力，而自觉的革命往往能多铲除一些陈腐的东西。在这两点上，自觉的革命都优于不自觉的演进。

但革命的根本方法在于用人功促进一种变化，而所谓"人功"有和平与暴力的不同。宣传鼓吹，组织与运动，使少数人的主张逐渐成为多数人的主张，或由立法，或由选举竞争，使新的主张能替代旧的制度，这是和平的人功促进。而在未上政治轨道的国家，旧的势力滥用压力摧残新的势力，反对的意见没有法律的保障，故革新运动往往不能用和平的方法公开活动，往往不能不走上武力解决的路上去。武力斗争的风气既开，而人民的能力不够收拾已纷乱的局势，于是一乱再乱，能发而不能收，能破坏而不能建设，能扰乱而不能安宁，如中美洲的墨西哥，如今日的中国，皆是最明显的例子。

武力暴动不过是革命方法的一种,而在纷乱的中国却成了革命的唯一方法,于是你打我叫做革命,我打你也叫做革命。打败的人只图准备武力再来革命。打胜的人也只能时时准备武力防止别人用武力来革命。这一边刚打平,又得招兵购械,筹款设计,准备那一边来革命了。他们主持胜利的局面,最怕别人来革命,故自称为"革命的",而反对的人都叫做"反革命"。然而孔夫子正名的方法终不能叫人不革命;而终日凭借武力提防革命也终不能消除革命。于是人人自居于革命,而革命永远是"尚未成功",而一切兴利除弊的改革都搁起不做不办。于是"革命"便完全失掉用人功促进改革的原意了。

我们认为今日所谓"革命",真所谓"天下多少罪恶假汝之名以行"。用武力来替代武力,用这一班军人来推倒那一班军人,用这一种盲目势力来替代那一种盲目势力,这算不得真革命。至少这种革命是没有多大意义的,没有多大价值的。结果只是兵化为匪,匪化为兵,兵又化为匪,造成一个兵匪世界而已。于国家有何利益?于人民有何利益?

就是那些号称有主张的革命者,喊来喊去,也只是抓住几个抽象名词在那里变戏法。有一班人天天对我们说:"中国革命的对象是封建阶级。"又有一班人天天说:"中国革命的对象是封建势力。"我们孤陋寡闻的人,就不知道今日中国有些什么封建阶级和封建势力。我们研究这些高喊打倒封建势力的先生们的著作言论，也寻不着一个明了清楚的指示。一位教育革命的鼓吹家在民国十八年二月二十日出版的《教育杂志》(二十一卷二号二页)上说：

中国秦以前，完全为一封建时代。自黄帝历尧、舜、禹、汤，以至周武王，为封建之完成期。自周平王东迁，历春秋战国以至秦始皇，为封建之破坏期。统一之中国，即于此封建制度之成毁过程中完全产出。(原注：封建之形势早已破坏，而封建之势力至今犹存。)

但是隔了两个月，这位教育家把他所说的话完全忘记了，便又在4月20日出版的《教育杂志》(同卷四号二页)上说：

中国在秦以前，为统一的专制一尊的封建国家成长之时代。……到秦始皇时，……统一的专制一尊的封建国家才完全确立。(原注：列爵封土的制度，到这时候，当然改变了许多。然国家仍可以称为"封建的"者，因"封建的"三字并非单指列爵封土之制而言。凡一国由中央划分行政区域，设为种种制度，位置许多地方官吏；地方官吏更一方面负责维持地方次序，另一方面吸收地方一部分经济的利益，以维持中央之存在。平民于此，无说话之余地。凡此等等，都可以代表"封建的"三字之一部分的精神。）

两个月之前，封建制度到秦始皇时破坏了；两个月之后，封建国家又在秦始皇时才完全确立！然而《教育杂志》的编者与读者都毫不感觉矛盾。这位作者本人也毫不感觉矛盾。他把中央集权制度叫做封建国家，《教育杂志》的编者与读者也毫不觉得奇怪荒谬。为什么呢？因为这些名词本来只是口头笔下的玩意儿，爱变什么戏法就变什么戏法，本来大可不必认真，所以作者可以信口开河，读者也由他信口开河。

那么，这个革命的对象——封建势力——究竟是什么东西呢？去年《大公报》上登着一位天津市党部的某先生的演说，说封建势力是军阀，是官僚，是留学生。去年某省党部提出一个铲除封建势力的计划，里面所举的封建势力包括一切把持包办以及含有占有性的东西，故祠堂，同乡会，同学会都是封建势力。然而现代的把持包办最含有占有性的政党却不在内。所以我们直到今天还不明白究竟什么东西是封建势力。前几天我们看见中国共产党中的"反对派"王阿荣、陈独秀等八十一人的《我们的政治意见书》，其中有这么一段：

我们以为：说中国现在还是封建社会和封建势力的统治，把资产阶级的反动性及一切反动行为都归到封建，这不但是说梦话，不但是对于资产阶级的幻想，简直是有意的为资产阶级当辩护士！其实在经济上，中国封建制度之崩坏，土地权归了自由地主与自由农民，政权归了国家，比欧洲任何国家都早。……土地早已是个人私有的资本而不是封建的领地，地主已资本家化，城市及乡村所遗留一些封建式的剥削，乃是资本主义袭用旧的剥削方法；至于城市乡村各种落后的现象，乃是生产停滞，农村人口过剩，资本主义落后国共有的现象，也并不是封建产物。（页十六——十七）

封建先生地下有知，应该叩头感谢陈独秀先生等八十一位裁判官宣告无罪的判决书。但独秀先生们一面判决了封建制度的无罪，一面又捉来了一个替死鬼，叫做资产阶级，硬定他为革命的对象。然而同时他们又告诉我们，中国"生产停滞，人口过剩，资本主义落后"，本国的银行资本不过在一万五千万元以上。在一个四万万人的国家里，止有一万五千万元的银行资本，资产阶级只好在显微镜底下去寻了，这个革命的对象也就够可怜了，不如索性开恩也宣告无罪，放他去罢。

以上所说，不过是要指出今日所谓有主义的革命，大都是向壁虚造一些革命的对象，然后高喊打倒那个自造的革命对象；好像捉妖的道士，先造出狐狸精山魈木怪等等名目，然后画符念咒用桃木宝剑去捉妖。妖怪是收进葫芦去了，然而床上的病人仍旧在那儿呻吟痛苦。

我们都是不满意于现状的人，我们都反对那懒惰的"听其自然"的心理。然而我们仔细观察中国的实际需要和中国在世界的地位，我们也不能不反对现在所谓"革命"的方法。我们很诚恳地宣言：中国今日需要的，不是那用暴力专制而制造革命的革命，也不是那用暴力推翻暴力的革命，也不是那悬空捏造革命对象因而用来鼓吹革命的革命。在这一点上，我们宁可不避"反革命"之名，而不能主张这种种革命。因为这种种革命都只能浪费精力，煽动盲动残忍的劣根性，扰乱社会国家的安宁，种下相残害相屠杀的根苗，而对于我们的真正敌人，反让他们逍遥自在，气焰更凶，而对于我们所应该建立的国家，反越走越远。

我们的真正敌人是贫穷，是疾病，是愚昧，是贪污，是扰乱。这五大恶魔是我们革命的真正对象，而他们都不是用暴力的革命所能打倒的。打倒这五大敌人的真革命只有一条路，就是认清了我们的敌人，认清了我们的问题，集合全国的人才智力，充分采用世界的科学知识与方法，一步一步的作自觉的改革,在自觉的指导之下一点一滴的收不断的改革之全功。不断的改革收功之日,即是我们的目的地达到之时。

这个根本态度和方法,不是懒惰的自然演进,也不是盲目的暴力革命,也不是盲目的口号标语式的革命,只是用自觉的努力作不断的改革。

这个方法是很艰难的,但是我们不承认别有简单容易的方法。这个方法是很迂缓的,但是我们不知道有更快捷的路子。我们知道,喊口号贴标语不是更快捷的路子。我们知道,机关枪对打不是更快捷的路子。我们知道,暴动与屠杀不是更快捷的路子。然而我们又知道,用自觉的努力来指导改革,来促进变化,也许是最快捷的路子,也许人家需要几百年逐渐演进的改革,我们能在几十年中完全实现。

最要紧的一点是我们要用自觉的改革来替代盲动的所谓"革命"。怎么叫做盲动的行为呢?不认清目的,是盲动;不顾手段的结果,是盲动;不分别大小轻重的先后程序,也是盲动。我们随便举几个例:如组织工人,不为他们谋利益,却用他们作扰乱的器具,便是盲动。又如人力车夫的生计改善,似乎应该从管理车厂车行,减低每日的车租入手;车租减两角三角,车夫便每日实收两角三角的利益。然而今日办工运的人却去组织人力车夫工会,煽动他们去打毁汽车电车，如去年杭州、北平的惨剧，这便是盲动。又如一个号称革命的政府，成立了两三年，不肯建立监察制度，不肯施行考试制度，不肯实行预算审计制度，却想用政府党部的力量去禁止人民过旧历年，这也是盲动。至于悬想一个意义不曾弄明白的封建阶级作革命对象，或把一切我们自己不能脱卸的罪过却归到洋鬼子身上，这也都是盲动。

怎么叫做自觉的改革呢？认清问题，认清问题里面的疑难所在，这是自觉。立说必有事实的根据；创议必先细细想出这个提议应该发生什么结果，而我们必须对于这些结果负责任：这是自觉。替社会国家想出路，这是何等重大的责任！这不是我们个人出风头的事，也不是我们个人发牢骚的事，这是"一言可以兴邦，一言可以丧邦"的事，我们岂可不兢兢业业的去思想？怀着这重大的责任心，必须竭力排除我们的成见和私意，必须充分尊重事实和证据，必须充分虚怀采纳一切可以供参考比较暗示的材料，必须时时刻刻提醒自己说我们的任务是要为社会国家寻一条最可行而又最完美的办法：这叫做自觉。

十九，四，十

（原载1929年12月10日《新月》第2卷第10号，此号实际推迟出版。收入1932年新月书店出版的《中国问题》）

附录一 敬以请教胡适之先生

梁漱溟

适之先生：

昨于《新月》二卷十号得读尊作《我们走那条路》一文，欢喜非常。看文前之"缘起"一段，知先生和一班朋友在这两年中常常聚谈中国的问题；去年讨论"中国的现状"，今年更在讨论"我们怎样解决中国的问题？"这是何等盛事！先生和先生的朋友正是我所谓"社会上有力分子"；能于谈哲学文学之外，更直接地讨论这现实问题而有所主张，那社会上所得指点领导之益将更切实而宏大。回忆民国十一年直奉战争后，我与守常（李守常先生）同访蔡先生（蔡孑民先生），意欲就此倡起裁兵运动；其后约期在蔡家聚会，由先生提出"好政府主义"的时局宣言，十七人签名发表。八九年来，不多见先生对国家问题社会问题抱何主张，作何运动，其殆即先生所说的"我们平日都不肯澈底想想究竟我们要一个怎样的社会国家，亦不肯澈底想想究竟我们走那一条路才能达到我们目的地"么？守常先生向来是肯想这问题的，竟自因此作了中国共产党的先进；我虽百不行，却亦颇肯想这问题。——这是先生可以了解我的，类如我民国七年的《吾曹不出如苍生何》，极荷先生的同情与注意；类如我在北大七八年间独与守常相好，亦为先生所知道的。然我则没有和守常先生走一条路的决心与信力，更没有拦阻他走那条路的勇气与先见。——就只为对这问题虽肯想而想不出解决的道儿来。现在旧日朋友多为这问题洒血牺牲而去（守常而外，还有守常介绍给我的高仁山、安体诚两先生），留得我们后死者担负这问题了。我愿与先生切实地澈底地讨论这问题！

先生在《我们走那条路》文中，归结所得的方向主张，我大体甚为同意。例如先生所说的：

> 我们都是不满意于现状的人，我们都反对那懒惰的"听其自然"的心理。然而我们仔细观察中国的实际需要和中国在世界的地位，我们也不能不反对现在所谓"革命"的方法。我们很诚恳地宣言：中国今日需要的，不是那用暴力专制而制造革命的革命，也不是那用暴力推翻暴力的革命，也不是那悬空捏造革命对象因而用来鼓吹革命的革命。在这一点上，我们宁可不避"反革命"之名，而不能主张这种种革命。因为这种种革命都只能浪费精力，煽动盲动残忍的劣根性，扰乱社会国家的安宁，种下相残害相屠杀的根苗，而对于我们的真正敌人，反让他们逍遥自在，气焰更凶，而对于我们所

应该建立的国家，反越走越远。

我于此完全同意；还有下面一段话，我亦相对地同意：

> 我们的真正敌人是贫穷，是疾病，是愚昧，是贪污，是扰乱。这五大恶魔是我们革命的真正对象，而他们都不是用暴力的革命所能打倒的。打倒这五大敌人的真革命只有一条路，就是认清了我们的敌人，认清了我们的问题，集合全国的人才智力，充分采用世界的科学知识与方法，一步一步的作自觉的改革，在自觉的指导之下一点一滴的收不断的改革之全功。不断的改革收功之日，即是我们的目的地达到之时。

这个根本态度和方法，不是懒惰的自然演进，也不是盲目的暴力革命，也不是盲目的口号标语式的革命，只是用自觉的努力作不断的改革。

这个方法是很艰难的，但是我们不承认别有简单容易的方法。这个方法是很迂缓的，但是我们不知道有更快捷的路子。我们知道，喊口号贴标语不是更快捷的路子。我们知道，机关枪对打不是更快捷的路子。我们知道，暴动与屠杀不是更快捷的路子。然而我们又知道，用自觉的努力来指导改革，来促进变化，也许是最快捷的路子，也许人家需要几百年逐渐演进的改革，我们能在几十年中完全实现。

然而我于先生所由得此归结主张之前边的理论，则不能无疑。先生的主张恰与三数年来的"革命潮流"相反，这在同一问题下，为何等重大差异不同的解答！先生凭什么推翻许多聪明有识见人所共持的"大革命论"？先生凭什么建立"一步一步自觉的改革论"？如果你不能结结实实指证出革命论的错误所在，如果你不能确确明明指点出改革论的更有效而可行，你便不配否认人家，而别提新议。然而我们试就先生文章检看果何如呢？

在三数年来的革命潮流中，大家所认为第一大仇敌是国际的资本帝国主义，其次是国内的封建军阀；先生无取于是，而别提出贫穷，疾病，愚昧，贪污，扰乱，五大仇敌之说。帝国主义者和军阀，何以不是我们的敌人？在先生，其必有深意，正待要好好聆教；乃不意先生只轻描淡写地说得两句：

> 这五大仇敌之中……（中略）封建势力也不在内，因为封建制度早已在二千年前崩坏了。帝国主义也不在内，因为帝国主义不能侵害那五鬼不入之国。帝国主义

为什么不能侵害美国和日本？为什么偏爱光顾我们的国家？岂不是因为我们受了这五大恶魔的毁害，遂没有抵抗的能力了吗？故即为抵抗帝国主义起见，也应该先铲除这五大敌人。

像这样地轻率大胆，真堪惊诧！原来帝国主义之不算仇敌是这样简单明了的事；先生明见及此，何不早说？可免得冤枉死了许多人。唉！我方以革命家为轻率浅薄，乃不期先生之非难革命家者，还出革命家之下。三数年来的革命，就他本身说，可算没结果；然影响所及，亦有其不可磨灭的功绩。举其一点，便是大大增进了国人对所谓世界列强和自己所处地位关系的认识与注意，大大增进了国人对于"经济"这一问题的认识与注意；——两层相连，亦可说是二而一的；近年出版界中，最流行的谈革命的书报刊物，无非在提撕此点；而其最先（或较早）能为统系地具体地详细地指证说明者，则殆无逾漆树芬先生《经济侵略下之中国》一书。此书一出，而"中国问题"的意义何在，——在国际资本帝国主义的侵略压迫；"中国问题"的解决何在，——在解除不平等条约的桎梏束缚；遂若日月之昭明而不可易。此处"遂若"二字请读者注意；盖我意尚不然也。

我且抄漆君原书结论于此：

（上略）为帝国主义所必要市场与投资之绝对二个条件，环顾今日世界，已多无存；是为其外围之区域日益减少，而崩坏之机迫于目前。惟我中国，土地则广袤数千万方英里，人口则拥有四万万众，对于货物与资本之需要量，对于原料品食料品之供给量，大而无伦，恰为资本帝国主义欲继续其生存发达之最好的理想地。有此原因，必有结果。结果者何？外国之资本帝国主义国家，遂如万马奔腾之势，以践踏于我国矣。于是为解决其市场问题，而我有百个商埠之提供；为解决其投资问题，而我有二十余亿元资本之吸收，而有数多利权之丧失；为圆滑其市场与投资地之经营起见，而我有巨大交通权之让与。我国一部之对外关系史，略具于此矣。不但此也，从政治而言，他们在我国又有治外法权领事裁判权之设定，遂在我国俨成一支配阶级；从经济而言，他们向我获有关税之束缚权，与投资之优先权，在我国遂成一剩余价值榨取之阶级。他们这种行动，实如大盗之入我室而搜我财绑我票，使我身家财产荡然无存一样，特我国民不自觉耳！同胞乎！今日国家之大病，实在于国民生活维艰，而生活维艰之所以，即在外国资本帝国主义之侵略与榨取。管子云："仓廪实而知礼节。"孟氏云："有恒产者，有恒心。"故欲解决中国之政治问题,根本上尤不可不使我国经济开发。顾我国今日之经济,从本书看来,已受资本帝国主义层层束缚,万不能有发达之势。换言之,即我们欲使我国成为万人诅咒之资本主义国家,亦事实有不能也,遑论其他!然则欲救我中国,非从经济改造不可,而欲改造我国经济,实非抵抗资本帝国主义国家不可。以个人意见,今日中国,已成为国际资本阶级联合对我之局,并常唆使军阀以助长我之内乱。故我除一方联合世界无产阶级弱小民族以抗此共同之敌,他方内部实行革命,使国家之公正得实现外,实无良法也。虽然,此岂易易事哉!须协我亿众之力,出以必死奋斗之精神,建设强有力之国家始获有济!

先生果欲推翻革命论,不可不于此对方立论根据所在,好加审量。却不料先生在这大潮流鼓荡中,竟自没感受影响;于对方立论的根据由来,依然没有什么认识与注意。先生所说五大仇敌谁不知得,宁待先生耳提面命?所以不像先生平列举出这五样现象的,盖由认识得其症结皆在一个地方。疾病,愚昧,皆与贫穷为缘;贪污则与扰乱有关;贫穷则直接出于帝国主义的经济侵略;扰乱则间接由帝国主义之操纵军阀而来;故帝国主义实为症结所在。这本是今日三尺童子皆能说的滥调,诚亦未必悉中情理;然先生不加批评反驳,闭着眼只顾说自家的话,如何令人心服?尤其是论贫穷纵不必都归罪到帝国主义,而救贫之道,非发达生产不可;帝国主义扼死了我产业开发的途路,不与他为敌,其将奈何?这是我们要请教于适之先生的。我希望适之先生将三数年来对此问题最流行的主张办法先批评过;再说明先生自己的"集合全国人才智力,充分采用世界的科学知识与方法,一步一步的作自觉的改革"办法,其内容果何所谓?——如果没有具体内容,便是空发梦想!所谓最流行的主张办法,便是要走国家资本主义的路。这种论调随在可见,我们且举郭沫若先生为《经济侵略下之中国》所作序文为例:

> (上略)大约是在今年三四月间的时候罢,漆君有一次来访问我,我们的谈话,渐渐归纳到中国的经济问题上来。我们都承认中国的产业的状况还幼稚得很,刚好达到资本化的前门,我们都承认中国有提高产业的必要。但是我们要如何去提高?我们提高的手段和程序是怎样的?这在我们中国还是纷争未已的问题,我在这儿便先表示我的意见。我说:在中国状况之下,我是极力讴歌资本主义的人的反对者。我不相信在我国这种状况

之下，有资本主义发达之可能。我举出我国那年纱厂的倒闭风潮来作我的论据。欧战剧烈的时候，西洋资本家暂时中止了对于远东的经营，在那时候我们中国的纱厂便应运而生，真是有雨后春笋之势。但是不数年间欧战一告终结，资本家的经营，渐渐恢复起来，我们中国的纱厂，便一家一家底倒闭了。这个事实，明明证明我们中国已经没有发达资本主义的可能，因为：（一）我们资本敌不过国际的大资本家们，我们不能和他们自由竞争；（二）我们于发展资本主义上最重要的自国市场，已经被国际资本家占领了。我当时证据只有这一个。其实这一个，已就是顶重要的证据。资本化的初步，照例是由消费品发轫的。消费品制造中极重要的棉纱事业，已不能在我们中国发展，那还说得上生产部门中机械工业吗？

我这个显而易见的证明，在最近实得到一个极有力援助，便是上海工部局停止电力的问题了。我们为五卅案，以经济的战略对付敌人，敌人亦以经济战略反攻。上海工部局对于中国各工场把电力一停，中国的各工场便同时辍业。这可见我们的生杀之权，是全操在他们手里。我们的产业，随早随迟，是终竟要归他们吞噬的。我们中国小小的资产家们哟！你们就想在厝火的积薪之上，做个黄金好梦，是没有多少时候的了。要拯救中国，不能不提高实业，要提高实业，不能不积聚资本，要积聚资本，而在我们的现状之下，这积聚资本的条件，通通被他们限制完了，我们这种希望简直没有几分可能性。然而为这根本上的原动力，就是帝国主义压迫我们缔结了种种不平等条约。由是他们便能够束缚我们的关税，能够设定无制限的治外法权，能够在我国自由投资，能够自由贸易与航业，于不知不觉间便把我们的市场独占了。

由这样看来，我们目前可走的路惟有一条，就是要把国际资本家从我们的市场赶出。而赶出的方法：第一是在废除不平等条约；第二是以国家之力集中资本。如把不平等条约废除后，这国际资本家，在我国便失其发展根据，不得不从我国退出；这资本如以国家之力集中，这竞争能力便增大数倍，在经济战争上，实可与之决一雌雄；是目前我国民最大之责任！除废除不平等条约，与厉行国家资本主义外，实无他道，这便是我对于中国经济问题解决上所怀抱的管见。

中国国民党所以不能不联俄容共，有十三年之改组，一变其已往之性质，中国近三数年来的所谓国民革命，所以不能不学着俄国人脚步走，盖有好几方面的缘由；即就现在所谈这一面，亦有好几点。其一则事实所诏示，中国问题已不是中国人自己的问题，而是世界问题之一部；中国问题必在反抗资本帝国主义运动下始能解决；由此所以联俄，要加入第三国际，要谈世界革命。又其一则事实所诏示，中国的一切进步与建设既必待经济上有路走才行，而舍国家资本主义（再由此过渡到民生主义或共产主义）殆无复有他途可走；如此则无论为对外积极有力地又且机警地应付国际间严重形势计，或为对内统盘策划建造国家资本计，均非以一有主义有计划的革命政党，打倒割据的军阀，夺取政权，树立强有力的统一政府，必无从完成此大业；于是就要容共，要北伐，要一党专政。先生不要以为暴力革命是偶然的发狂；先生不要以为不顾人权是无理性的举动，这在革命家都是持之有故言之成理的。在没有澈底了解对方之前，是不能批评对方的；在没有批评到对方之前，是不能另自建立异样主张的。我非持革命论者，不足以代表革命论。即漆君之书，郭君之序，亦不过三数年来革命论调之一斑，偶举以为例。最好先生破费几天功夫搜求一些他们的书籍来看看，再有以赐教，则真社会之幸也！

再次说到封建军阀。先生不承认封建制度封建势力的存在，但只引了一些《教育杂志》某君论文，和王阿荣、陈独秀的宣言，以证明革命家自己的矛盾可笑，全不提出自己对中国社会的观察论断来，亦太嫌省事！中国社会是什么社会？封建制度或封建势力还存在不存在？这已成了今日最热闹的聚讼的问题，论文和专书出了不少，意见尚难归一。先生是喜欢作历史研究的人，对于这问题当有所指示，我们非请教不可。革命家的错误，就在对中国社会的误认；所以我们非指证说明中国社会怎样一种结构，不足祛革命家之惑。我向不知学问，尤其不会作历史考证功夫，对此题非常感到棘困；如何能一扫群疑，昭见事实，实大有望于先生！

先生虽能否认封建的存在，但终不能否认中国今日有军阀这一回事。军阀纵非封建制度封建势力，然固不能证明他非我们的仇敌；遍查先生大文，对军阀之一物如何发付，竟无下文，真堪诧异！本来中国人今日所苦者，于先生所列举五项中，要以贫穷与扰乱为最重大。扰乱固皆军阀之所为。假定先生不以军阀为仇敌，而顾抱消灭"扰乱"之宏愿，此中必有高明意见，巧妙办法；我们亟欲闻教！想先生既欲解决中国问题，对军阀扰乱这回事，必不会没个办法安排的；非明白切实的说出来，不足以服人，即我欲表示赞成，亦无从赞成起。

总之，我于先生反对今之所谓革命，完全同意；但我还不大明白，先生为什么要反对。先生那篇文太简略，不足以说明；或者先生想的亦尚不深到周密。所以我非向先生请教不可。先生说的好："我们平日都不肯澈底想想究竟我们要一个怎样的社会国家,也不肯澈底想想究竟我们应该走那一条路,才能达到我们的目的地。"我今便是指出疑点来,请先生再澈底想想,不可苟且模糊。先生亦曾谦虚地说:"我们的观察和判断自然难保没有错误,但我们深信自觉的探路总胜于闭了眼睛让人家牵着鼻子走;我们并且希望公开的讨论我们自己探路的结果,可以使我们得着更正确的途径。"据我个人所见,先生的判断大体并不错;我尤同情于先生所谓"自觉的探路",我只祈求先生更自觉一些,更探一探。我便是诚意地（然而是很不客气地）来参加先生所希望公开讨论的一个人,想求得一更正确的途径,先生其必许我么?

如果先生接受我的讨论,我将对于我所相对同意的先生所主张的那"根本态度和方法",再提供一些意见;我将对于我所不甚同意的先生所说的那"目的地",再表示一些意见。总之,我将继此有所请教于先生。

说及那"目的地",我还可以就此附说几句话。先生文中既谓:"在我们探路之前,应该先决定我们要到什么地方去,——我们的目的地。这个问题是我们的先决问题,因为如果我们不想到那儿去,又何必探路呢?"是指示非先解决此问题不可了。乃随着举出国民党,国家主义派,共产党三种说法之后,没有一些研究解决,忽地翻转又谓:"我们现在的任务不在讨论这三个目的地,因为这种讨论徒然引起无益的意气，而且不是一千零一夜所能打得了的笔墨官司。"岂不可怪！先生怕打官司，何必提出"我们走那条路"的问题？又何必希望公开的讨论？要公开讨论我们走那条路的问题，就不要怕打笔墨官司才行。既于此不加讨论了，乃于后文又提出："我们要建立一个治安的，普遍繁荣的，文明的，现代的统一国家"；而说，"这是我们的目的地"。难道要解决一个问题，——而且是国家问题社会问题——将旁人意见——而且是社会上有力党派的意见——搁开不理他，只顾说我的主张，就可解决了的么？

总之，我劝先生运思立言，注意照顾对方要紧。

六月三日，北平

（原载1930年6月16日《村治》第1卷第2期，又载1930年3月10日《新月》第3卷第1号，此号实际推迟出版）

附录二　答梁漱溟先生

胡　适

漱溟先生：

今天细读《村治》二号先生给我的信，使我十分感谢。先生质问我的几点，都是很扼要的话，我将来一定要详细奉答。

我在"缘起"里本已说明，那篇文字不过是一篇概括的引论，至于各个问题的讨论则另由别位朋友分任。因为如此，所以我的文字偏重于提出一个根本的态度，便忽略了批评对方理论的方面。况且那篇文字只供一席讨论会的宣读，故有"太简略"之嫌。

革命论的文字，也曾看过不少，但终觉其太缺乏历史事实的根据。先生所说，"这本是今日三尺童子皆能说的滥调，诚亦未必悉中情理"，我的意思正是如此。如说，"贫穷则直接由于帝国主义的经济侵略"，则难道八十年前的中国果真不贫穷吗？如说，"扰乱则间接由于帝国主义之操纵军阀"，试问张献忠、洪秀全又是受了何国的操纵？今日冯、阎、蒋之战又是受了何国的操纵？

这都是历史事实的问题，稍一翻看历史，当知此种三尺童子皆能说的滥调大抵不中情理。鸦片固是从外国进来，然吸鸦片者究竟是什么人？何以世界的有长进民族都不蒙此害，而此害独钟于我神州民族？而今日满田满地的罂粟，难道都是外国的帝国主义者强迫我们种下的吗？

帝国主义者三叩日本之关门，而日本在六十年之中便一跃而为世界三大强国之一。何以我堂堂神州民族便一蹶不振如此？此中"症结"究竟在什么地方？岂是把全副责任都推在洋鬼子身上便可了事？

先生要我作历史考证，这话非一封短信所能陈述，但我的论点其实只是稍稍研究历史事实的一种结论。

我的主张只是责己而不责人，要自觉的改革而不要盲目的革命。在革命的状态之下，什么救济和改革都谈不到，只有跟着三尺童子高喊滥调而已。

大旨如此，详说当俟将来。

至于"军阀"问题，我原来包括在"扰乱"之内。军阀是扰乱的产儿，此二十年来历史的明训。处置军阀——其实中国那有军"阀"可说？只有军人跋扈而已——别无"高明意见，巧妙办法"，只有充分养成文治势力，造成治安和平的局面而已。

当北洋军人势力正大的时候，北京学生奋臂一呼而武人仓皇失措，这便是文治势力的明例。今日文治势力所以失其作用者，文治势力大都已走狗化，自身已失掉其依据，只靠做官或造标语吃饭，故不复能澄清政治，镇压军人了。

先生说："扰乱固皆军阀之所为"，此言颇不合史实。军阀是扰乱的产物，而扰乱大抵皆是长衫朋友所造成。二十年来所谓"革命"，何一非文人所造成？二十年中的军阀斗争，何一非无聊政客所挑拨造成的？近年各地的共产党暴动，又何一非长衫同志所煽动组织的？此三项已可概括一切扰乱的十之七八了。即以国民党旗帜之下的几次互战看来，何一非长衫同志失职不能制止的结果？当民十六与民十八两次战事爆发之时，所谓政府，所谓党皆无一个制度可以制止战祸，也无一个机关可以讨论或议决宣战的问题。故此种战事虽似是军人所造成，其实是文治制度未完备的结果。所以说扰乱是长衫朋友所造成，似乎不太过罢？

我若作详细奉答之文，恐须迁延两三个月之后始能发表。故先略述鄙意，请先生切实指正。

胡适　十九，七，二十九
（原载1930年3月10日《新月》第3卷第1期）

人权与约法

4月20日国民政府下了一道保障人权的命令，全文是：

> 世界各国人权均受法律之保障。当此训政开始，法治基础亟宜确立。凡在中华民国法权管辖之内，无论个人或团体均不得以非法行为侵害他人身体，自由，及财产。违者即依法严行惩办不贷。着行政司法各院通饬一体遵照。此令。

在这个人权被剥夺几乎没有丝毫余剩的时候，忽然有明令保障人权的盛举，我们老百姓自然是喜出望外。但我们欢喜一阵之后，揩揩眼镜，仔细重读这道命令，便不能不感觉大失望。失望之点是：

第一，这道命令认"人权"为"身体，自由，财产"三项,但这三项都没有明确规定。就如"自由"究竟是那几种自由?又如"财产"究竟受怎样的保障?这都是很重要的缺点。

第二,命令所禁止的只是"个人或团体",而并不会提及政府机关。个人或团体固然不得以非法行为侵害他人身体自由及财产,但今日我们最感觉痛苦的是种种政府机关或假借政府与党部的机关侵害人民的身体自由及财产。如今日言论出版自由之受干涉,如各地私人财产之被没收,如近日各地电气工业之被没收,都是以政府机关的名义执行的。4月20日的命令对于这一方面完全没有给人民什么保障。这岂不是"只许州官放火,不许百姓点灯"吗?

第三,命令中说,"违者即依法严行惩办不贷",所谓"依法"是依什么法?我们就不知道今日有何种法律可以保障人民的人权。中华民国刑法固然有"妨害自由罪"等章,但种种妨害若以政府或党部名义行之,人民便完全没有保障了。

果然,这道命令颁布不久,上海各报上便发现"反日会的活动是否在此命令范围之内"的讨论。日本文的报纸以为这命令可以包括反日会(改名救国会)的行动;而中文报纸如《时事新报》畏垒先生的社论则以为反日会的行动不受此命令的制裁。

岂但反日会的问题吗？无论什么人，只须贴上"反动分子""土豪劣绅""反革命""共党嫌疑"等等招牌，便都没有人权的保障。身体可以受侮辱，自由可以完全被剥夺，财产可以任意宰制，都不是"非法行为"了。无论什么书报，只须贴上"反动刊物"的字样，都在禁止之列，都不算侵害自由了。无论什么学校，外国人办的只须贴上"文化侵略"字样，中国人办的只须贴上"学阀""反动势力"等等字样，也就都可以封禁没收，都不算非法侵害了。

我们在这种种方面，有什么保障呢？

我且说一件最近的小事，事体虽小，其中含着的意义却很重要。

3月26日上海各报登出一个专电，说上海特别市党部代表陈德征先生在三全大会提出了一个《严厉处置反革命分子案》。此案的大意是责备现有的法院太拘泥证据了，往往使反革命分子容易漏网。陈德征先生提案的办法是：

> 凡经省党部及特别市党部书面证明为反革命分子者，法院或其他法定之受理机关应以反革命罪处分之。如不服，得上诉。惟上级法院或其他上级法定之受理机关，如得中央党部之书面证明，即当驳斥之。

这就是说，法院对于这种案子，不须审问，只凭党部的一纸证明，便须定罪处刑。这岂不是根本否认法治了吗？

我那天看了这个提案，有点忍不住，便写了封信给司法院长王宠惠博士，大意是问他"对于此种提议作何感想"，并且问他"在世界法制史上，不知在那一世纪那一个文明民族曾经有这样一种办法，笔之于书，立为制度的吗"？

我认为这个问题是值得大家注意的，故把信稿送给国闻通信社发表。过了几天，我接得国闻通信社的来信，说：

> 昨稿已为转送各报，未见刊出，闻已被检查者扣去。兹将原稿奉还。

我不知道我这封信有什么军事上的重要而竟被检查新闻的人扣去。这封信是我亲自负责署名的。我不知道一个公民为什么不可以负责发表对于国家问题的讨论。

但我们对于这种无理的干涉，有什么保障呢？

又如安徽大学的一个学长，因为语言上挺撞了蒋主席，遂被拘禁了多少天。他的家人朋友只能到处奔走求情，决不能到任何法院去控告蒋主席。只能求情而不能控诉，这是人治，不是法治。

又如最近唐山罢市的案子，其起原是因为两益成商号的经理杨润普被当地驻军指为收买枪枝,拘去拷打监禁。据4月28日《大公报》的电讯,唐山总商会的代表十二人到一百五十二旅去请求释放,军法官不肯释放。代表等辞出时,正遇兵士提杨润普入内,"时杨之两腿已甚拥肿,并有血迹,周身动转不灵,见代表等则欲哭无泪,语不成声,其凄惨情形,实难尽述"。但总商会及唐山商店八十八家打电报给唐生智,也只能求情而已;求情而无效,也只能相率罢市而已。人权在那里?法治在那里?

我写到这里,又看见5月2日的《大公报》,唐山全市罢市的结果,杨润普被释放了。"但因受刑过重,已不能行走,遂以门板抬出,未回两益成,直赴中华医院医治。"《大公报》记者亲自去访问,他的记载中说:

> ……见杨润普前后身衣短褂,血迹模糊。衣服均粘于身上,经医生施以手术,始脱下。记者当问被捕后情形,杨答,苦不堪言,曾用旧时惩治盗匪之压杠子,余实不堪其苦。正在疼痛难忍时,压于腿上之木杠忽然折断。旋又易以竹板,周身抽打,移时亦断。时刘连长在旁,主以铁棍代木棍。郑法官恐生意外,未果。此后每讯必打,至今周身是伤。据医生言,杨伤过重,非调养三个月不能复原。

这是人权保障的命令公布后11日的实事。国民政府诸公对于此事不知作何感想？

我在上文随便举的几件实事，都可以指出人权的保障和法治的确定决不是一纸模糊命令所能办到的。

法治只是要政府官吏的一切行为都不得逾越法律规定的权限。法治只认得法律，不认得人。在法治之下，国民政府的主席与唐山一百五十二旅的军官都同样的不得逾越法律规定的权限。国民政府主席可以随意拘禁公民，一百五十二旅的军官自然也可以随意拘禁拷打商人了。

但是现在中国的政治行为根本上从没有法律规定的权限，人民的权利自由也从没有法律规定的保障。在这种状态之下，说什么保障人权！说什么确立法治基础！

在今日如果真要保障人权，如果真要确立法治基础，第一件应该制定一个中华民国的宪法。至少，至少，也应该制定所谓训政时期的约法。

孙中山先生当日制定《革命方略》时，他把革命建国事业的措施程序分作三个时期：

第一期为军法之治（三年）。

第二期为约法之治（六年）……"凡军政府对于人民之权利义务，及人民对于军政府之权利义务，悉规定于约法。军政府与地方议会及人民各循守之。有违法者，负其责任。……"

第三期为宪法之治。

《革命方略》成于丙午年（1906），其后续有修订。至民国八年中山先生作《孙文学说》时，他在第六章里再三申说"过渡时期"的重要，很明白地说"在此时期，行约法之治，以训导民人，实行地方自治"。至民国十二年一月，中山先生作《中国革命史》时，第二时期仍名为"过渡时期"，他对于这个时期特别注意。他说：

> 第二为过渡时期。在此时期内，施行约法（非现行者），建设地方自治，促进民权发达。以一县为自治单位，每县于散兵驱除战事停止之日，立颁约法，以规定人民之权利义务，与革命政府之统治权。以三年为限，三年期满，则由人民选举其县官。……革命政府之对于此自治团体只能照约法所规定而行其训政之权。

又过了一年之后，当民国十三年四月中山先生起草《建国大纲》时，建设的程序也分作三个时期，第二期为"训政时期"。但他在《建国大纲》里不曾提起训政时期的"约法"，又不曾提起训政时期的年限，不幸一年之后他就死了,后来的人只读他的建国大纲,而不研究这"三期"说的历史,遂以为训政时期可以无限地延长,又可以不用约法之治,这是大错的。

中山先生的《建国大纲》虽没有明说"约法",但我们研究他民国十三年以前的言论,可以知道他决不会相信统治这样一个大国可以不用一个根本大法的。况且《建国大纲》里遗漏的东西多着哩。如廿一条说"宪法未颁布以前,各院长皆归总统任免",是训政时期有"总统",而全篇中不说总统如何产生。又如民国十三年一月国民党第一次代表大会宣言已有"以党为掌握政权之中枢"的话,而是年四月十二中山先生草定《建国大纲》全文廿五条中没有一句话提到一党专政的。这都可见《建国大纲》不过是中山先生一时想到的一个方案,并不是应有尽有的,也不是应无尽无的。《大纲》所有,早已因时势而改动了(如十九条五院之设立在宪政开始时期,而去年已设立五院了)。《大纲》所无,又何妨因时势的需要而设立呢?

我们今日需要一个约法,需要中山先生说的"规定人民之权利义务与革命政府之统治权"的一个约法。我们要一个约法来规定政府的权限:过此权限,便是"非法行为"。我们要一个约法来规定人民的"身体,自由,及财产"的保障:有侵犯这法定的人权的,无论是一百五十二旅的连长或国民政府的主席，人民都可以控告，都得受法律的制裁。

我们的口号是：

快快制定约法以确定法治基础！

快快制定约法以保障人权！

十八，五，六

（原载1929年4月10日《新月》第2卷第2号，此号实际延期出版）

《人权与约法》的讨论

《人权与约法》一篇文字发表以来，国内外报纸有转载的，有翻译的，有作专文讨论的。在这四五十日之中，我收到了不少的信，表示赞成此文的主张。我们现在发表几篇应该提出讨论的通信，略加答复。其他仅仅表示赞成的通信，我们虽然感谢，只因篇幅有限，恕不能一一披露了。

胡　适

一

适之先生：

拜读大作《人权与约法》第七页第四行"……是训政时期有总统"。对于训政两字，觉得有点疑问；以

《建国大纲》条文本身看去,是在宪政时期才有总统。第十六条云,"凡一省全数之县皆达完全自治者,则为宪政开始时期。……"第廿五条云,"宪法颁布之日,即为宪政告成之时。……"这可见得《建国大纲》所规定之宪政时期,尚无宪法。再以第十九条"在宪政时期,中央政府当完成设立五院……"可证明五院制是应该在宪政时期试行的,"各院长皆归总统任免"是宪政时期之总统。专此修函商榷,是否请赐教言,尤深感激。并请文安。

后学汪羽军鞠躬

汪先生指出的错误,我很感谢,他指出一个重要之点,就是《建国大纲》所规定之宪政时期,尚无宪法"。最好的证据是《建国大纲》第廿二条:"宪法草案当本于《建国大纲》及训政宪政两时期之成绩。"草案须根据于宪政时期的成绩,可见宪政时期尚无宪法。

但我们仔细看《大纲》的全文,不能不说第廿二条所谓"宪政时期"只是"宪政开始时期"的省文。在此时期,在宪法颁布之前,有五院,有各部,有总统,都无宪法的根据。则廿一条所谓"总统"仍是革命军政时代所遗留的临时政府的总统。我原文所谓"训政时期有总统",似乎也不算误解中山先生的原意罢?

中山先生的根本大错误在于认训政与宪法不可同时并立。此意我已作长文讨论,载在本期的新月。

中山先生不是宪法学者,故他对于"宪政"的性质颇多误解。如《大纲》第廿五条说:"宪法颁布之日,即为宪政告成之时。"这是绝大的错误。宪法颁布之日只是宪政的起点,岂可算作宪政的告成?宪法是宪政的一种工具,有了这种工具,政府与人民都受宪法的限制,政府依据宪法统治国家,人民依据宪法得着保障。有逾越法定范围的,人民可以起诉,监察院可以纠弹,司法院可以控诉。宪法有疑问,随时应有解释的机关。宪法若不能适应新的情势或新的需要,应有修正的机关与手续。——凡此种种,皆须靠人民与舆论时时留心监督,时时出力护持,如守财虏的保护其财产,如情人的保护其爱情,偶一松懈,便让有力者负之而走了。故宪法可成于一旦,而宪政永永无"告成"之时。故中山先生之宪政论,我们不能不认为智者千虑之一失了。

(适)

二

适之先生足下:拜读《人权与约法》一文,具征拥护自由之苦心,甚佩甚佩。惟管见所及,不无异同之点，姑缕述如左，以就正于先生。

（一）清季筹备宪政，定期九年，所以不允即行立宪者，谓因人民参政能力之不足。今日破坏告成，军事结束，所以特定训政时期者，殆亦因民众程度幼稚，非经一番严格训练，未便即行交还政权耳。设在此训政期内，颁行约法，当然与民初之临时约法不同。临时约法系由临时参议院制定公布，其中缺点虽多，尚有几分民意表现。今后颁行约法，不过如汉高入关之约法三章耳。人民应享之自由究有几何？

（二）民国十三年春，国民党改组，援俄意先例，揭櫫以党治国。在宪法未颁以前，继续厉行党治，似无疑义。党治一日存在，则全国人民不论是否党员，对于党义政纲，应奉为天经地义，不得稍持异议。即使约法颁布，人民之言论出版仍须受严重限制。

（三）按照国民党第一次代表大会所定政纲，其中有对内政策第六项，载明人民有集会结社言论出版居住信仰之完全自由权。他日制定约法，无论如何宽大，总不能超过对内政策第六项。苟欲恢复自由，虽不另定约法，按照第六项实行未尝不可。盖就目前政制言之，党纲法律似无多大区别也。若不实行，虽颁布约法，亦属徒然。

以上三点，是否有当？敬乞先生及海内贤达指正。

民国十八年六月二十七日诸青来

诸先生提出的三点，都值得我们的注意。我们现在简单答复如下：

（一）现在我国人民只有暗中的不平，只有匿名的谩骂，却没有负责任的个人或团体正式表示我们人民究竟要什么自由。所以"人民应享的自由究有几何？"这个问题是全靠人民自己解答的。

（二）我们要一个"规定人民的权利义务与政府的统治权"的约法，不但政府的权限要受约法的制裁，党的权限也要受约法的制裁。如果党不受约法的制裁，那就是一国之中仍有特殊阶级超出法律的制裁之外，那还成"法治"吗？其实今日所谓"党治"，说也可怜，那里是"党治"？只是"军人治党"而已。为国民党计，他们也应该觉悟宪法的必要。他们今日所争的，只是争某全会的非法，或某大会的非法，这都是他们关起门来的妯娌口角之争，不关我们国民的事，也休想得着我们国民的同情。故为国民党计，他们也应该参加约法的运动。须知国民的自由没有保障，国民党也休想不受武人的摧残支配也。

（三）约法即是国民党实行政纲的机会。政纲中对内政策第六条云："确定人民有集会结社言论出版居住信仰之完全自由权。"诸先生忽略了"确定"二字。政纲所主张的，载入了约法或法律，才是确定。不然，只不过一种主张而已。

（原载1929年6月10日《新月》第2卷第4号）

我们什么时候才可有宪法？
对于《建国大纲》的疑问

我在《人权与约法》(《新月》二卷二号)里，曾说：

> 中山先生的建国大纲虽没有明说"约法"，但我们研究他民国十三年以前的言论，知道他决不会相信统治这样一个大国可以不用一个根本大法的。

这句话，我说错了。民国十三年的孙中山先生已不是十三年以前的中山了。他的《建国大纲》简直是完全取消他以前所主张的"约法之治"了。

从丙午年(1906)的《革命方略》到民国十二年(1923)的《中国革命史》，中山先生始终主张一个"约法时期"为过渡时期，要一个约法来"规定人民之权利义务，与革命政府之统治权"。

但民国十三年以后的中山先生完全取消这个主张了。试看他公布《建国大纲》的宣言说：

辛亥之役，汲汲于制定临时约法，以为可以奠民国之基础，而不知乃适得其反。论者见临时约法施行之后，不能有益于民国，甚至并临时约法之本身效力亦已消失无余，则纷纷然议临时约法之未善，且斤斤然从事于宪法之制定，以为藉此可以救临时约法之穷。曾不知症结所在，非由于临时约法之未善，乃由于未经军政，训政两时期，而即入于宪政。

他又说：

可知未经军政训政两时期，临时约法决不能发生效力。

他又说：

军政时代已能肃清反侧，训政时代已能扶植民治，虽无宪政之名，而人人所得权利与幸福，已非口宪法而行专政者所可同日而语。

这是中山先生取消"约法之治"的理由。所以他在《建国大纲》里，便不提起"约法"了。

《建国大纲》里，不但训政时期没有约法，直到宪政开始时期也还没有宪法。如第廿二条云：

> 宪法草案当本于《建国大纲》及训政，宪政两时期之成绩，由立法院议订，随时宣传于民众，以备到时采择施行。

宪法草案既要根据于训政宪政两时期的成绩，可见"宪政时期"还没有宪法。但细看《大纲》的全文，廿二条所谓"宪政时期"乃是"宪政开始时期"的省文。故下文廿三条说：

> 全国有过半数省分达至宪政开始时期，——即全省之地方自治完全成立时期，——则开国民大会决定宪法而颁布之。

这样看来，我们须要等到全国有过半数省分的地方自治完全成立之后，才可以有宪法。

我们要研究，中山先生为什么要这样延迟宪政时期呢？

简单说来，中山先生对于一般民众参政的能力，很有点怀疑。他在公布宣言里曾说：

不经训政时代，则大多数人民久经束缚，虽骤被解放，初不了知其活动之方式，非墨守其放弃责任之故习，即为人利用，陷于反革命而不自知。

他在《建国方略》里，说的更明白：

夫中国人民知识程度之不足，固无可隐讳者也。且加以数千年专制之毒深中乎人心，诚有比于美国之黑奴及外来人民知识尤为低下也。（第六章）

他又说：

我中国人民久处于专制之下，奴心已深，牢不可破。不有一度之训政时期，以洗除其旧染之污，奚能享民国主人之权利？（第六章）

他又说：

> 是故民国之主人者（国民），实等于初生之婴儿耳。革命党者，即产此婴儿之母也。既产之矣，则当保养之，教育之，方尽革命之责也。此革命方略之所以有训政时期者，为保养教育此主人成年而后还之政也。（第六章）

综合上文的几段话，我们可以明白中山先生的主张训政，只是因为他根本不信任中国人民参政的能力。所以他要一个训政时期来培养人民的自治能力，以一县为单位，从县自治入手。

这种议论，出于主张"知难行易"的中山先生之笔下，实在使我们诧异。中山先生不曾说吗？

> 其始则不知而行之。其继则行之而后知之。其终则因已知而更进于行。（《建国方略》第五章）

他又说过：

> 夫维新变法，国之大事也，多有不能前知者，必待行之成之而后乃能知之也。（同上）

参政的能力也是这样的。民治制度的本身便是一种教育。人民初参政的时期，错误总不能免的，但我们不可因人民程度不够便不许他们参政。人民参政并不须多大的专门知识，他们需要的是参政的经验。民治主义的根本观念是承认普通民众的常识是根本可信任的。"三个臭皮匠，赛过一个诸葛亮。"这便是民权主义的根据。治国是大事业，专门的问题需要专门的学识。但人民的参政不是专门的问题，并不需要专门的知识。所患的只是怕民众不肯出来参政，故民治国家的大问题总是怎样引导民众出来参政。只要他们肯出来参政，一回生，二回便熟了；一回上当，二回便学乖了。故民治制度本身便是最好的政治训练。这便是"行之则愈知之"；这便是"越行越知，越知越行"。

中山先生自己不曾说吗？

> 袁世凯之流必以为中国人民知识程度如此，必不能共和。曲学之士亦曰非专制不可也。
>
> 呜呼，牛也尚能教之耕，马也尚能教之乘，而况于人乎？今使有见幼童将欲入塾读书者，而语其父兄曰，"此童子不识字，不可使之入塾读书也"，于理通乎？惟其不识字，故须急于读书也。……故中国今日之当共和，犹幼童之当入塾读书也。（第六章）

宪政之治正是唯一的"入塾读书"。唯其不曾入塾读书，故急须入塾读书也。

中山先生说：

> 然入塾必要有良师益友以教之，而中国人民今日初进共和之治，亦当有先知先觉之革命政府以教之。此训政之时期所以为专制入共和之过渡所必要也。

我们姑且让一步，姑且承认共和是要训练的。但我们要问，宪法与训练有什么不能相容之点？为什么训政时期不可以有宪法？为什么宪法之下不能训政？

在我们浅学的人看起来，宪法之下正可以做训导人民的工作；而没有宪法或约法，则训政只是专制，决不能训练人民走上民主的路。

"宪法"是什么东西？

柏来士（Bryce）在他的不朽名著《美洲民主国》里说："一个国家的宪法只是那些规定此国家的政体并规定其政府对人民及人民对政府的各种权利义务的规律或法令。"（页三五〇）

麦金托虚爵士（Sir James Mc Ińtosh）也说，"凡规定一国高级官吏的最重要职权及人民的最根本的权利的基本法律，——

成文的或不成文的，——便是一国的宪法"。见于他的"Law of Nature and of Nations"（页六五）

中山先生也曾主张颁布约法"以规定人民之权利义务，与革命政府之统治权"。这便是一种宪法了。

我们实在不懂这样一部约法或宪法何以不能和训政同时存在。我们须要明白，宪法的大功用不但在于规定人民的权利，更重要的是规定政府各机关的权限。立一个根本大法，使政府的各机关不得逾越他们的法定权限，使他们不得侵犯人民的权利，——这才是民主政治的训练。程度幼稚的民族，人民固然需要训练，政府也需要训练。人民需要"入塾读书"，然而蒋介石先生，冯玉祥先生，以至于许多长衫同志和小同志，生平不曾梦见共和政体是什么样子的，也不可不早日"入塾读书"罢？

人民需要的训练是宪法之下的公民生活。政府与党部诸公需要的训练是宪法之下的法治生活。"先知先觉"的政府诸公必须自己先用宪法来训练自己，裁制自己，然后可以希望训练国民走上共和的大路。不然，则口口声声说"训政"，而自己所行所为皆不足为训，小民虽愚，岂易欺哉？他们只看见衮衮诸公的时时打架，时时出洋下野而已；他们只看见衮衮诸公的任意侵害人权而已；他们只看见宣传部"打倒某某""拥护某某"而已；他们只看见反日会的站笼而已。以此训政，别说六年，六十年有何益哉？

故中山先生的根本大错误在于误认宪法不能与训政同时并立。他这一点根本成见使他不能明白民国十几年来的政治历史。他以为临时约法的失败是"由于未经军政训政两时期，而即入于宪政"。这是历史的事实吗？民国元年以来，何尝有"入于宪政"的时期？自从二年以来，那一年不是在军政的时期？临时约法何尝行过？天坛宪法草案以至于曹锟时代的宪法，又何尝实行过？十几年中，人民选举国会与省议会，共总行过几次？故民国十几年的政治失败，不是骤行宪政之过，乃是始终不曾实行宪政之过；不是不经军政训政两时期而遽行宪政，乃是始终不曾脱离扰乱时期之过也。

当日袁世凯之流，固不足论；我们现在又到了全国统一的时期了，我们看看历史的教训，还是不敢信任人民而不肯实行宪政呢？还是认定人民与政府都应该早早"入塾读书"，早早制定宪法或约法，用宪政来训练人民和政府自己呢？

中山先生说得好：

> 中国今日之当共和，犹幼童之当入塾读书也。

我们套他的话，也可以说：

中国今日之当行宪政，犹幼童之当入塾读书也。

我们不信无宪法可以训政；无宪法的训政只是专制。我们深信只有实行宪政的政府才配训政。

十八，七，廿

（原载1929年6月10日《新月》第2卷第4号，此号实际延期出版）

知难,行亦不易
孙中山先生的"行易知难说"述评

一 行易知难说的动机

《孙文学说》的《自序》是民国七年(1918)十二月三十日在上海作的。次年(1919)五月初,我到上海来接杜威先生;有一天,我同蒋梦麟先生去看中山先生,他说他新近做了一部书,快出版了。他那一天谈的话便是概括地叙述他的"行易知难"的哲学。后来杜威先生去看中山先生,中山谈的也是这番道理。(本书第四章之末也说:"当此书第一版付梓之夕,适杜威博士至沪,予特以此质证之。")大概此书作于七年下半,成于八年春间。至六七月间,始印成出版。

这个时代是值得注意的。中山先生于七年五月间非常国会辞去大元帅之职;那时旧式军阀把持军政府,中山虽做了七总裁之一,实际上没有做事的机会,后来只好连总裁也不做了，搬到上海来住。这时候，世界大战争刚才停战，巴黎的和会还未开，全世界都感觉一种猛烈的兴奋，都希望有一个改造的新世界。中山先生在这个时期，眼见安福部横行于北方，桂系军阀把持于南方，他却专心计划，想替中国定下一个根本建设的大方略。这个时期正是他邀了一班专家，着手做《建国方略》的时候。他的"实业计划"的一部分，此时正在草创的时期；其英文的略稿成于八年的一月。

他在发表这个大规模的《建国方略》之前，先著作这一部导言，先发表他的"学说"，先提出这"行易知难"的哲学。

为什么呢？他自己很悲愤地说：

> 文奔走国事三十余年，毕生学力尽萃于斯；精诚无间，百折不回；满清之威力所不能屈，穷途之困苦所不能挠。吾志所向，一往无前，愈挫愈奋，再接再厉。用能鼓动风潮，造成时势。卒赖全国人心之倾向，仁人志士之赞襄，乃得推覆专制，创建共和。本可从此继进，实行革命党所抱持之三民主义，五权宪法，与夫革命方略所规定之种种建设宏模，则必能乘时一跃而登中国于富强之域，跻斯民于安乐之天也。不图革命初成，党人即起异议，谓予所主张者理想太高，不适中国之用。众

口铄金,一时风靡。同志之士,亦悉惑焉。是以予为民国总统时之主张,反不若为革命领袖时之有效而见之施行矣。

此革命之建设所以无成,而破坏之后国事更因之以日非也。

夫去一满洲之专制,转生出无数强盗之专制,其为毒之烈,较前尤甚,于是民愈不聊生矣。溯夫吾党革命之初心,本以救国救种为志,欲出斯民于水火之中,而登之衽席之上也。今乃反令之陷水益深,蹈火益热,与革命初衷大相违背者,此固予之德薄无以化格同侪,予之能鲜不足驾驭群众,有以致之也。然而吾党之士于革命宗旨革命方略亦难免有信仰不笃奉行不力之咎也。而其所以然者,非尽关乎功成利达而移心,实多以思想错误而懈志也。

此思想之错误为何?即"知之非艰,行之惟艰"之说也。此说始于传说对武丁之言,由是数千年来,深中于中国之人心,已成牢不可破矣。故予之建设计划一一皆为此说所打消也。呜呼!此说者,予生平之最大敌也。其威力当万倍于满清。夫满清之威力不过只能杀吾人之身耳,而不能夺吾人之志也。乃此敌之威力则不惟能夺吾人之志,且足以迷亿兆人之心也。是故当满清之世，予之主张革命也，犹能日起有功，进行不已。惟自民国成立之日，则予之主张建设，反致半筹莫展，一败涂地。吾三十年来精诚无间之心，几为之冰消瓦解，百折不回之志几为之槁木死灰者，此也！可畏哉此敌！可恨哉此敌！

兵法有云，"攻心为上"。……满清之颠覆者，此心成之也。民国之建设者，此心败之也。夫革命党之心理，于成功之始，则被"知之非艰行之惟艰"之说所奴，而视吾策为空言，遂放弃建设之责任。……七年以来，犹未睹建设事业之进行，而国事则日形纠纷，人民则日增痛苦。午夜思维，不胜痛心疾首。夫民国之建设事业，实不容一刻视为缓图者也。国民！国民！究成何心。不能乎？不行乎？不知乎？吾知其非不能也，不行也。亦非不行也，不知也。倘能知之，则建设事业亦不过如反掌折枝耳。

回顾当年，予所耳提面命而传授于革命党员，而被河汉为理想空言者，至今观之，适为世界潮流之需要，而亦当为民国建设之资材也。乃拟笔之于书，名曰《建国方略》，以为国民所取法焉。然尚有踌躇审顾者，则恐今日国人社会心理犹是七年前之党人社会心理也，依然有此"知之非艰行之惟艰"之大敌横梗于其中，则其以吾之计划为理想空言而见拒也,亦若是而已矣。故先作学说,以破此心理之大敌,而出国人之思想于迷津。庶几吾之建国方略或不致再被国人视为理想空谈也。

(《自序》)

这篇《自序》真是悲慨沉痛的文章。中山先生以三十年的学问,三十年的观察,作成种种建设的计划,提出来想实行,万不料他的同志党人,就首先反对。客气的人说他是"理想家",不客气的人嘲笑他是"孙大炮"!中山先生忠厚对人,很忠厚地指出他们所以反对他,"非尽关乎功成利达而移心,实多以思想错误而懈志"。此思想的错误,中山认为只是"知易行难"的一个见解。这个错误的见解,在几千年中,深入人心,成了一种迷信,他的势力比满清还可怕,比袁世凯还可怕。满清亡了,袁世凯倒了,而此"知易行难"的谬说至今存在,使中山的大计划"半筹莫展,一败涂地"。所以中山先生要首先打倒这个"心理之大敌"。这是他的"学说"的动机。

要打倒这个大敌,所以他提出一种"心理建设"。他老实不客气地喊道:

夫国者,人之积也。人者,心之器也。而国事者,一人群心理之现象也。是故政治之隆污，系乎人心之振靡。吾心信其可行，则移山填海之难，终有成功之日。吾心信其不可行，则反掌折枝之易，亦无收效之期也。心之为用大矣哉。夫心也者，万事之本源也。满清之颠覆者，此心成之也。民国之建设者，此心败之也。(《自序》参看页七七论宣誓一段）

迷信"唯物史观"的人，听了这几句话，也许要皱眉摇头。但这正是中山先生的中心思想。若不懂得这个中心思想，便不能明白他的"有志竟成"的人生哲学。

二 行易知难的十证

中山先生的"学说"只是"行易知难"四个字。他举了十项证据来证明他的学说：

(1) 饮食

(2) 用钱

(3) 作文

(4) 建筑

(5) 造船

(6) 长城与欧洲的战壕

(7) 运河

(8) 电学

(9) 化学制造品：豆腐，磁器

(10) 进化

这十项证据，原书说的很详细，不用我来详细说明了。

这十项之中，有几项是证明"不知亦能行"的，如饮食，婴孩一堕地便能做，鸡雏一离蛋壳便能做，但近世的科学专家到今日尚不能知道饮食的种种奥妙。但大部分的证据都是证明知识之难能而可贵的，如造船，

> 施工建造并不为难。所难者绘图设计耳。倘计划既定，按图施工，则成效可指日而待矣。

如无线电报，

> 当研究之时代，费百年之工夫，竭无数学者之才智，各贡一知，而后得完全此无线电之知识。及其知识真确，学理充满，乃本之以制器，则无所难矣。……其最难能可贵者则为研求无线电知识之人。学识之难关一过，则其他之进行有如反掌矣。

这些证据都是要使我们明白知识是很难能的事，是少数天才人的事。少数有高深知识的人积多年的研究，定下计划，打下图样，便可以交给多数工匠去实行。工匠只须敬谨依照图样做去，自然容易成功。"此知行分任而造成一屋者也。"中山先生的意思一面教人知道"行易"，一面更要人知道"知难"。

三 "行易知难"的真意义

中山先生自己说：

> 予之所以不惮其烦，连篇累牍，以求发明行易知难之理者，盖以此为救中国必由之道也。（页五五）

他指出中国的大病是暮气太深，畏难太甚。

> 中国近代之积弱不振奄奄待毙者，实为知之非艰行之惟艰一说误之也。此说深中于学者之心理，由学者而传于群众，则以难为易，以易为难，遂使暮气畏难之中国，畏其所不当畏，而不畏其所当畏。由是易者则避而远之，而难者又趋而近之。始则欲求知而后行，及其知

之不可得也，则惟有望洋兴叹而放去一切而已。间有不屈不挠之士，费尽生平之力以求得一知者，而又以行之为尤难，则虽知之而仍不敢行之。如是不知固不欲行，而知之又不敢行，则天下事无可为者矣。此中国积弱衰败之原因也。夫畏难本无害也。正以有畏难之心，乃适足导人于节劳省事，以取效呈功。此为经济之原理，亦人生之利便也。惟有难易倒置，使欲趋避者无所适从，斯为害矣。（页五五）

他要人明白"不知亦能行之，知之则必能行之，知之则更易行之"。他考察人类进化的历史，看出三个时期：

第一，由草昧进文明，为不知而行之时期。

第二，由文明再进文明，为行而后知之时期。

第三，自科学发明后，为知而后行之时期。

凡物类与人类，为需要所逼迫，都会创造发明。鸟能筑巢，又能高飞。这都是不知而能行的明证。我们的老祖宗制造豆腐，制造磁器，建筑长城，开辟运河，都是不知而行的明证。西洋人行的越多，知的也越多；知多了，行的也更多。他们越行越知，越知越行。我们却受了暮气的毒，事事畏难，越不行，越不知，越不知，便越不行。

救济之法，只有一条路，就是力行。但力行却也有一个

先决的条件,就是要服从领袖,要服从先知先觉者的指导。中山先生说人群进化可分三时期,人的性质也可分做三系:

其一,先知先觉者,为创造发明。

其二,后知后觉者,为仿效进行。

其三,不知不觉者,为竭力乐成。

第一系为发明家,第二系为鼓吹家,第三系为实行家,其中最有关系的是那第二系的后知后觉者。他们知识不够,偏要妄想做先知先觉者;他们不配做领袖,偏要自居于领袖;他们不肯服从发明家的理想计划,偏爱作消极的批评。他们对于先知先觉者的计划,不是说他们思想不澈底,便是说他们理想太高,不切实用。所以中山先生说:

> 行之之道为何?即全在后觉者之不自惑以惑人而已。

力行之道不是轻理想而重实行,却正是十分看重理想知识。"行易知难"的真意义只是要我们知道行是人人能做的,而知却是极少数先知先觉者的责任。大多数的人应该崇拜知识学问,服从领袖,奉行计划。那中级的后知后觉者也只应该服从先知先觉者的理想计划,替他鼓吹宣传,使多数人明白他的理想,使那种种理想容易实行。所以中山先生说:

中国不患无实行家，盖林林总总者皆是也。乃吾党之士有言曰，"某也理想家也，某也实行家也"。其以二三人可为改革国事之实行家，真谬误之甚也。不观今之外人在上海所建设之宏大工厂，繁盛市街，崇伟楼阁，其实行家皆中国之工人也。而外人不过为理想家计划家而已，并未有躬亲实行其建设之事也。故为一国之经营建设，所难得者非实行家也，乃理想计划家也。而中国之后知后觉者，皆重实行而轻理想矣。是犹治化学而崇拜三家村之豆腐公，而忽于裴在辂巴斯德等宿学也。是犹治医学而崇拜蜂虫之螟蠃，而忽于发明蒙药之名医。盖豆腐公为生物化学之实行家，而螟蠃为蒙药之实行家也。有是理乎！乃今之后知后觉者，悉中此病，所以不能鼓吹舆论，倡导文明，而反足混乱是非，阻碍进化也。是故革命以来建设事业不能进行者，此也。予于是乎不得不澈底详辟，欲使后知后觉者，了然于向来之迷误，而翻然改图，不再为似是而非之说以惑世，而阻挠吾林林总总之实行家，则建设前途大有希望矣。（页六一——六二）

所以"行易知难"的学说的真意义只是要使人信仰先觉，服从领袖，奉行不悖。中山先生著书的本意只是要说：

"服从我,奉行我的《建国方略》。"他虽然没有这样明说,然而他在本书的第六章之后,附录《陈英士致黄克强书》(页七九——八七),此书便是明明白白地要人信仰孙中山,奉行不悖。英士先生在此书里痛哭流涕地指出民党第五次重大之失败都是因为他们"认中山之理想为误而反对之,致于失败"。他说:

> 惟其前日认中山先生之理想为误,皆致失败,则于今日中山先生之所主张,不宜轻以为理想而不从,再贻他日之悔。
>
> 夫人之才识与时并进,知昨非而今日未必是,能取善斯不压从人。鄙见以为理想者事实之母也。中山先生之提倡革命,播因于二十年前。当时反对之者,举国士夫,殆将一致。乃经二十年后,卒能见诸实行者,理想之结果也。使吾人于二十年前即赞成其说,安见所悬理想必迟至二十年之久始得收效?抑使吾人于二十年后犹反对之,则中山先生之理想不知何时始克形诸事实,或且终不成效果至于靡有穷期者,亦难逆料也。故中山先生之理想能否证实,全在吾人之视察能否了解,能否赞同,以奉行不悖是已。

《孙文学说》的真意义只是要人信仰"孙文学说",奉行不悖。此意似甚浅,但我们细读此书,不能不认这是唯一可能的解释。

四　批评

行易知难的学说是一种很有力的革命哲学。一面要人知道"行易",可以鼓舞人勇往进取。一面更要人知道"知难",可以提倡多数人对于先知先觉者的信仰与服从。信仰领袖,服从命令,一致进取,不怕艰难,这便是革命成功的条件。所以中山说这是必要的心理建设。

孙中山死后三四年中,国民党继续奉他做领袖,把他的遗教奉作一党的共同信条,极力宣传。"共信"既立,旗帜便鲜明了,壁垒也便整齐了。故三四年中,国民革命军的先声夺人,所向都占胜利。北伐的成功,可说是建立"共信"的功效。其间稍有分裂,也只为这个共信上发生了动摇的危险。但反共分共所以能成功,也都还靠着这一点点"共信"做个号召的旗帜。

故这三年的革命历史可说是中山先生的学说添了一重证据,证明了服从领袖奉行计划的重要,证明了建立共同信仰的重要,证明了只要能奉行一个共同的信仰,革命的一切困难都可以征服。

但政治上的一点好成绩不应该使我们完全忽视了这个学说本身的一些错误。所以我想指出这个学说的错误之点，和从这些错误上连带发生的恶影响。

行易知难说的根本错误在于把"知""行"分的太分明。中山的本意只要教人尊重先知先觉，教人服从领袖者，但他的说话很多语病，不知不觉地把"知""行"分做两件事，分作两种人做的两类的事。这是很不幸的。因为绝大部分的知识是不能同"行"分离的，尤其是社会科学的知识。这绝大部分的知识都是从实际经验（行）上得来：知一点，行一点；行一点，更知一点，——越行越知，越知越行，方才有这点子知识。三家村的豆腐公也不是完全没有知识；他做豆腐的知识比我们大学博士高明的多多。建筑高大洋房的工人也不是完全没有知识；他们的本事也是越知越行，越行越知，所以才有巧工巧匠出来。至于社会科学的知识，更是知行分不开的。五权与九权的宪法，都不是学者的抽象理想，都只是某国某民族的实行的经验的结果。政治学者研究的对象只是历史，制度，事实，——都是"行"的成绩。行的成绩便是知，知的作用便是帮助行，指导行，改善行。政治家虽然重在实行，但一个制度或政策的施行，都应该服从专家的指示，根据实际的利弊，随时修正改革，这修正补救便是越行越知，越知越行，便是知行不能分开。

中山先生志在领导革命，故倡知难行易之说，自任知难而勉人以行易。他不曾料到这样分别知行的结果有两大危险：

第一，许多青年同志便只认得行易，而不觉得知难。于是有打倒智识阶级的喊声，有轻视学问的风气。这是很自然的：既然行易，何必问知难呢？

第二，一班当权执政的人也就借"行易知难"的招牌，以为知识之事已有先总理担任做了，政治社会的精义都已包罗在《三民主义》、《建国方略》等书之中，中国人民只有服从，更无疑义，更无批评辩论的余地了。于是他们捐着"训政"的招牌，背着"共信"的名义，箝制一切言论出版的自由，不容有丝毫异己的议论。知难既有先总理任之，行易又有党国大同志任之，舆论自然可以取消了。

行易知难说是一时救弊之计，目的在于矫正"知之非艰，行之维艰"的旧说，故为"林林总总"之实行家说法，教人知道实行甚易。但老实说来，知固是难，行也不易。这便是行易知难说的第二个根本错误。

中山先生举了十项证据来证明行易知难。我们忍不住要问他："中山先生，你是学医的人，为什么你不举医学做证据呢？"中山先生做过医学的工夫，故不肯举医学做证据，因为医学最可以推翻行易知难的学说。医学是最难的事，人命所关，故西洋的医科大学毕业年限比别科都长二年以上。但读了许多生理学，解剖学，化学，微菌学，药学，……还算不得医生。医学一面是学，一面又是术，一面是知，一面又是行。一切书本的学问都要能用在临床的经验上；只有从临床的经验上得来的学问与技术方才算是真正的知识。一个医生的造成，全靠知行的合一，即行即知，即知即行，越行越知，越知越行的工巧精妙。熟读了六七年的书，拿着羊皮纸的文凭，而不能诊断，不能施手术，不能疗治，才知道知固然难，行也大不易也！

岂但医生如此？做豆腐又何尝不如此？书画弹琴又何尝不如此？打球，游水，开汽车，又何尝不如此？建屋造船也何尝不如此？做文章，打算盘，也何尝不如此？一切技术，一切工艺，那一件不如此？

治国是一件最复杂最繁难又最重要的技术，知与行都很重要，纸上的空谈算不得知，卤莽糊涂也算不得行。虽有良法美意，而行之不得其法，也会祸民误国。行的不错，而朝令夕更，也不会得到好结果。政治的设施往往关系几千万人或几万万人的利害，兴一利可以造福于一县一省，生一弊可害无数人的生命财产。这是何等繁难的事！古人把"良医"和"良相"相提并论，其实一个庸医害人有限，而一个坏政策可以造孽无穷。医生以人命为重，故应该小心翼翼地开刀开方；政府以人民为重，故应该小心翼翼地治国。古人所以说"知之非艰，行之维艰"，正是为政治说的，不是叫人不行，只是叫人不要把行字看的太容易，叫人不可卤莽糊涂地胡作胡为害人误国。

民生国计是最复杂的问题，利弊不是一人一时看得出的，故政治是无止境的学问，处处是行，刻刻是知，越行方才越知，越知方才可以行的越好。"考试"是容易谈的，但实行考试制度是很难的事。"裁兵"是容易谈的，但怎样裁兵是很难的事。现在的人都把这些事看的太容易了，故纨绔子弟可以办交通，顽固书生可以办考试，当火头出身的可以办一省的财政，旧式的官僚可以管一国的卫生。

今日最大的危险是当国的人不明白他们干的事是一件绝大繁难的事。以一班没有现代学术训练的人，统治一个没有现代物质基础的大国家，天下的事有比这个更繁难的吗？要把这件大事办的好，没有别的法子，只有充分请教专家，充分运用科学。然而"行易"之说可以作一班不学无术的军人政客的护身符！此说不修正，专家政治决不会实现。

十八年五月改定稿
（原载1929年6月15日《吴淞月刊》第2期，又载1929年6月10日《新月》第2卷第4号）

易卜生主义

一

易卜生最后所作的《我们死人再生时》(*When We Dead Awaken*)一本戏里面有一段话,很可表出易卜生所作文学的根本方法。这本戏的主人翁是一个美术家,费了全副精神,雕成一副像,名为"复活日"。这位美术家自己说他这副雕像的历史道:

> 我那时年纪还轻,不懂得世事。我以为这"复活日"应该是一个极精致,极美的少女像,不带着一毫人世的经验,平空地醒来,自然光明庄严,没有什么过恶可除。……但是我后来那几年,懂得些世事了,才知道这"复活日"不是这样简单的,原来是很复杂的。……

我眼里所见的人情世故，都到我理想中来，我不能不把这些现状包括进去。我只好把这像的座子放大了，放宽了。

我在那座子上雕了一片曲折爆裂的地面。从那地的裂缝里，钻出来无数模糊不分明，人身兽面的男男女女。这都是我在世间亲自见过的男男女女。（二幕）

这是"易卜生主义"的根本方法。那不带一毫人世罪恶的少女像，是指那盲目的理想派文学。那无数模糊不分明，人身兽面的男男女女，是指写实派的文学。易卜生早年和晚年的著作虽不能全说是写实主义，但我们看他极盛时期的著作，尽可以说，易卜生的文学，易卜生的人生观，只是一个写实主义。1882年，他有一封信给一个朋友，信中说道：

我做书的目的，要使读者人人心中都觉得他所读的全是实事。（《尺牍》第一五九号）

人生的大病根在于不肯睁开眼睛来看世间的真实现状。明明是男盗女娼的社会，我们偏说是圣贤礼义之邦；明明是赃官污吏的政治，我们偏要歌功颂德；明明是不可救药的大病，我们偏说一点病都没有！却不知道：若要病好，须先认有病;若要政治好,须先认现今的政治实在不好;若要改良社会,须先知道现今的社会实在是男盗女娼的社会!易卜生的长处,只在他肯说老实话,只在他能把社会种种腐败龌龊的实在情形写出来叫大家仔细看。他并不是爱说社会的坏处,他只是不得不说。1880年,他对一个朋友说:

> 我无论作什么诗,编什么戏,我的目的只要我自己精神上的舒服清净。因为我们对于社会的罪恶,都脱不了干系的。(《尺牍》第一四八号)

因为我们对于社会的罪恶都脱不了干系,故不得不说老实话。

二

我们且看易卜生写近世的社会,说的是一些什么样的老实话。第一,先说家庭。

易卜生所写的家庭,是极不堪的。家庭里面,有四种大恶德:一是自私自利;二是倚赖性,奴隶性;三是假道德,装腔做戏;四是懦怯没有胆子。做丈夫的便是自私自利的代表。他要快乐,要安逸,还要体面,所以他要娶一个妻子。

正如《娜拉》戏中的郝尔茂，他觉得同他妻子有爱情是很好玩的。他叫他妻子做"小宝贝"，"小鸟儿"，"小松鼠儿"，"我的最亲爱的"，等等肉麻名字。他给他妻子一点钱去买糖吃，买粉搽，买好衣服穿。他要他妻子穿得好看，打扮的标致。做妻子的完全是一个奴隶。他丈夫喜欢什么，他也该喜欢什么，他自己是不许有什么选择的。他的责任在于使丈夫欢喜。他自己不用有思想；他丈夫会替他思想。他自己不过是他丈夫的玩意儿，很像叫化子的猴子专替他变把戏引人开心的（所以《娜拉》又名《玩物之家》）。丈夫要妻子守节，妻子却不能要丈夫守节，正如《群鬼》（Ghosts）戏里的阿尔文夫人受不过丈夫的气，跑到一个朋友家去；那位朋友是个牧师，很教训了他一顿，说他不守妇道。但是阿尔文夫人的丈夫专在外面偷妇人，甚至淫乱他妻子的婢女；人家都毫不介意，那位牧师朋友也觉得这是男人常有的事，不足为奇！妻子对丈夫，什么都可以牺牲；丈夫对妻子，是不犯着牺牲什么的。《娜拉》戏内的娜拉因为要救他丈夫的生命，所以冒他父亲的名字，签了借据去借钱。后来事体闹穿了，他丈夫不但不肯替娜拉分担冒名的干系，还要痛骂他带累他自己的名誉。后来和平了结了，没有危险了，他丈夫又装出大度的样子，说不追究他的错处了。他得意扬扬的说道："一个男人赦了他妻子的过犯是很畅快的事！"（《娜拉》三幕）

这种极不堪的情形，何以居然忍耐得住呢？第一，因为人都要顾面子，不得不装腔做势，做假道德遮着面孔。第二，因为大多数的人都是没有胆子的懦夫。因为要顾面子，故不肯闹翻；因为没有胆子，故不敢闹翻。那《娜拉》戏里的娜拉忽然看破家庭是一座做猴子戏的戏台，他自己是台上的猴子。他有胆子，又不肯再装假面子，所以告别了掌班的，跳下了戏台，去干他自己的生活。那《群鬼》戏里的阿尔文夫人没有娜拉的胆子，又要顾面子，所以被他的牧师朋友一劝，就劝回头了，还是回家去尽他的"天职"，守他的"妇道"。他丈夫仍旧做那种淫荡的行为。阿尔文夫人只好牺牲自己的人格，尽力把他羁縻在家。后来生下一个儿子，他母亲恐怕他在家学了他父亲的坏榜样，所以到了七岁便把他送到巴黎去。他一面要哄他丈夫在家，一面要在外边替他丈夫修名誉，一面要骗他儿子说他父亲是怎样一个正人君子。这种情形，过了十九个足年，他丈夫才死。死后，他妻子还要替他装面子，花了许多钱，造了一所孤儿院，作他亡夫的遗爱。孤儿院造成了，把他儿子唤回来参预孤儿院落成的庆典。谁知他儿子从胎里就得了他父亲的花柳病的遗毒，变成一种脑腐症，到家没几天，那孤儿院也被火烧了，他儿子的遗传病发作，脑子坏了，就成了疯人了。这是没有胆子，又要顾面子的结局。这就是腐败家庭的下场！

三

其次,且看易卜生的社会的三种大势力。那三种大势力:一是法律,二是宗教,三是道德。

第一,法律 法律的效能在于除暴去恶,禁民为非。但是法律有好处也有坏处。好处在于法律是无有偏私的;犯了什么法,就该得什么罪。坏处也在于此。法律是死板板的条文,不通人情世故;不知道一样的罪名却有几等几样的居心,有几等几样的境遇情形;同犯一罪的人却有几等几样的知识程度。法律只说某人犯了某法的某某篇某某章某某节,该得某某罪,全不管犯罪的人的知识不同,境遇不同,居心不同。《娜拉》戏里有两件冒名签字的事:一件是一个律师做的,一件是一个不懂法律的妇人做的。那律师犯这罪全由于自私自利,那妇人犯这罪全因为他要救他丈夫的性命。但是法律全不问这些区别。请看这两个"罪人"讨论这个问题:

(律师)郝夫人,你好像不知道你犯了什么罪,我老实对你说,我犯的那桩使我一生声名扫地的事,和你所做的事恰恰相同,一毫也不多,一毫也不少。

(娜拉)你!难道你居然也敢冒险去救你妻子的

命吗?

（律师）法律不管人的居心如何。

（娜拉）如此说来，这种法律是笨极了。

（律师）不问他笨不笨，你总要受他的裁判。

（娜拉）我不相信。难道法律不许做女儿的想个法子免得他临死的父亲烦恼吗？难道法律不许做妻子的救他丈夫的命吗？我不大懂得法律，但是我想总该有这种法律承认这些事的。你是一个律师，你难道不知道有这样的法律吗？柯先生，你真是一个不中用的律师了。

（《娜拉》一幕）

最可怜的是世上真没有这种入情入理的法律！

第二，宗教　易卜生眼里的宗教久已失了那种可以感化人的能力；久已变成毫无生气的仪节信条，只配口头念得烂熟，却不配使人奋发鼓舞了。《娜拉》戏里说：

（郝尔茂）你难道没有宗教吗？

（娜拉）我不很懂得究竟宗教是什么东西。我只知道我进教时那位牧师告诉我的一些话。他对我说宗教是这个，是那个，是这样，是那样。（三幕）

如今人的宗教，都是如此，你问他信什么教，他就把他的牧师或是他的先生告诉他的话背给你听。他会背耶稣的祈祷文，他会念阿弥陀佛，他会背一部《圣谕广训》。这就是宗教了！

宗教的本意，是为人而作的，正如耶稣说的，"礼拜是为人造的，不是人为礼拜造的"。不料后世的宗教处处与人类的天性相反，处处反乎人情。如《群鬼》戏中的牧师，逼着阿尔文夫人回家去受那荡子丈夫的待遇，去受那十九年极不堪的惨痛。那牧师说，宗教不许人求快乐；求快乐便是受了恶魔的魔力了。他说，宗教不许做妻子的批评他丈夫的行为。他说，宗教教人无论如何总要守妇道，总须尽责任。那牧师口口声声所说是"是"的，阿尔文夫人心中总觉得都是"不是"的。后来阿尔文夫人仔细去研究那牧师的宗教，忽然大悟。原来那些教条都是假的，都是"机器造的！"（《群鬼》二幕）

但是这种机器造的宗教何以居然能这样兴旺呢？原来现在的宗教虽没有精神上的价值，却极有物质上的用场。宗教是可以利用的，是可以使人发财得意的。那《群鬼》戏里的木匠，本是一个极下流的酒鬼，卖妻卖女都肯干的。但是他见了那位道学的牧师，立刻就装出宗教家的样子，说宗教家的话，做宗教家的唱歌祈祷，把这位蠢牧师哄得滴溜溜的转

（二幕）。那《罗斯马庄》(Rosmersholm)戏里面的主人翁罗斯马本是一个牧师，后来他的思想改变了，遂不信教了。他那时想加入本地的自由党，不料党中的领袖却不许罗斯马宣告他脱离教会的事。为什么呢？因为他们党里很少信教的人，故想借罗斯马的名誉来号召那些信教的人家。可见宗教的兴旺，并不是因为宗教真有兴旺的价值，不过是因为宗教有可以利用的好处罢了。

第三，道德 法律宗教既没有裁制社会的本领，我们且看"道德"可有这种本事。据易卜生看来，社会上所谓"道德"不过是许多陈腐的旧习惯。合于社会习惯的，便是道德；不合于社会习惯的，便是不道德。正如我们中国的老辈人看见少年男女实行自由结婚，便说是"不道德"。为什么呢？因为这事不合于"父母之命，媒妁之言"的社会习惯。但是这班老辈人自己讨许多小老婆，却以为是很平常的事，没有什么不道德。为什么呢？因为习惯如此。又如中国人死了父母，发出讣书，人人都说"泣血稽颡"，"苫块昏迷"。其实他们何尝泣血？又何尝"寝苫枕块"？这种自欺欺人的事，人人都以为是"道德"，人人都不以为羞耻。为什么呢？因为社会的习惯如此，所以不道德的也觉得道德了。

这种不道德的道德，在社会上，造出一种诈伪不自然的伪君子。面子上都是仁义道德，骨子里都是男盗女娼。易卜生最恨这种人。他有一本戏,叫做《社会的栋梁》(Pillars of Society)。戏中的主人名叫褒匿,是一个极坏的伪君子;他犯了一桩奸情,却让他兄弟受这恶名,还要诬赖他兄弟偷了钱跑脱了。不但如此,他还雇了一只烂脱底的船送他兄弟出海,指望把他兄弟和一船的人都沉死在海底,可以灭口。

这样一个大奸,面子上却做得十分道德,社会上都尊敬他,称他做"全市第一个公民","公民的模范","社会的栋梁"!他谋害他兄弟的那一天,本城的公民,聚了几千人,排起队来,打着旗,奏着军乐,上他的门来表示社会的敬意,高声喊道,"褒匿万岁!社会的栋梁褒匿万岁!"

这就是道德!

四

其次,我们且看易卜生写个人与社会的关系。

易卜生的戏剧中,有一条极显而易见的学说,是说社会与个人互相损害;社会最爱专制,往往用强力摧折个人的个性,压制个人自由独立的精神;等到个人的个性都消灭了,等到自由独立的精神都完了,社会自身也没有生气了,也不会进步了。社会里有许多陈腐的习惯,老朽的思想,极不堪的迷信,个人生在社会中,不能不受这些势力的影响。有时有一两个独立的少年，不甘心受这种陈腐规矩的束缚，于是东冲西突想与社会作对。上文所说的褒匿，当少年时，也曾想和社会反抗。但是社会的权力很大，网罗很密；个人的能力有限，如何是社会的敌手？社会对个人道："你们顺我者生，逆我者死；顺我者有赏，逆我者有罚。"那些和社会反对的少年，一个一个的都受家庭的责备，遭朋友的怨恨，受社会的侮辱驱逐。再看那些奉承社会意旨的人，一个个的都升官发财，安富尊荣了。当此境地，不是顶天立地的好汉，决不能坚持到底。所以像褒匿那般人，做了几时的维新志士，不久也渐渐的受社会同化，仍旧回到旧社会去做"社会的栋梁"了。社会如同一个大火炉，什么金银铜铁锡，进了炉子，都要熔化。易卜生有一本戏叫做《雁》（*The Wild Duck*）写一个人捉到一只雁，把他养在楼上半阁里，每天给他一桶水，让他在水里打滚游戏。那雁本是一个海阔天空逍遥自得的飞鸟，如今在半阁里关久了，也会生活，也会长得胖胖的，后来竟完全忘记了他从前那种海阔天空来去自由的乐处了！个人在社会里，就同这雁在人家半阁上一般，起初未必满意，久而久之，也就惯了，也渐渐的把黑暗世界当作安乐窝了。

社会对于那班服从社会命令，维持陈旧迷信，传播腐败思想的人，一个一个的都有重赏。有的发财了，有的升官了，有的享大名誉了。这些人有了钱，有了势，有了名誉，就像老虎长了翅膀，更可横行无忌了，更可借着"公益"的名义去骗人钱财，害人生命，做种种无法无天的行为。易卜生的《社会的栋梁》和《博克曼》(*John Gabriel Borkman*)两本戏的主人翁都是这种人物。他们钱赚得够了，然后掏出几个小钱来，开一个学堂，造一所孤儿院，立一个公共游戏场，"捐二十镑金去买面包给贫人吃"（用《社会的栋梁》二幕中语）。于是社会格外恭维他们，打着旗子，奏着军乐，上他们家来，大喊"社会的栋梁万岁！"

那些不懂事又不安本分的理想家，处处和社会的风俗习惯反对，是该受重罚的。执行这种重罚的机关，便是"舆论"，便是大多数的"公论"。世间有一种最通行的迷信，叫做"服从多数的迷信"。人都以为多数人的公论总是不错的。易卜生绝对的不承认这种迷信。他说"多数党总在错的一边，少数党总在不错的一边"（《国民公敌》五幕）。一切维新革命，都是少数人发起的，都是大多数人所极力反对的。大多数人总是守旧麻木不仁的；只有极少数人，有时只有一个人，不满意于社会的现状，要想维新，要想革命。这种理想家是社会所最忌的。大多数人都骂他是"捣乱分子"，都恨他"扰乱治安"，都说他"大逆不道"；所以他们用大多数的专制威权去压制那"捣乱"的理想志士，不许他开口，不许他行动自由；把他关在监牢里，把他赶出境去，把他杀了，把他钉在十字架上活活的钉死，把他捆在柴草上活活的烧死。过了几十年几百年，那少数人的主张渐渐的变成多数人的主张了，于是社会的多数人又把他们从前杀死钉死烧死的那些"捣乱分子"一个一个的重新推崇起来，替他们修墓，替他们作传，替他们立庙，替他们铸铜像。却不知道从前那种"新"思想，到了这时候，又早已成了"陈腐的"迷信！当他们替从前那些特立独行的人修墓铸铜像的时候，社会里早已发生了几个新派少数人，又要受他们杀死钉死烧死的刑罚了！所以说"多数党总是错的，少数党总是不错的"。

易卜生有一本戏叫做《国民公敌》，里面写的就是这个道理。这本戏的主人翁斯铎曼医生从前发现本地的水可以造成几处卫生浴池。本地的人听了他的话，觉得有利可图，便集了资本造了几处卫生浴池。后来四方的人闻了这浴池的名，纷纷来这里避暑养病。来的人多了，本地的商业市面便渐渐发达兴旺。斯铎曼医生便做了浴池的官医。后来洗浴的人之中，忽然发生一种流行病症；经这位医生仔细考察，知道这病症是从浴池的水里来的，他便装了一瓶水寄与大学的化学师请他化验。化验出来，才知道浴池的水管安的太低了，上流的污秽，停积在浴池里，发生一种传染病的微生物，极有害于公众卫生。斯铎曼医生得了这种科学证据，便做了一篇切切实实的报告书，请浴池的董事会把浴池的水管重行改造，以免妨碍卫生。不料改造浴池须要花费许多钱，又要把浴池闭歇一两年；浴池一闭歇，本地的商务便要受许多损失。所以本地的人全体用死力反对斯铎曼医生的提议。他们宁可听那些来避暑养病的人受毒病死，却不情愿受这种金钱的损失，所以他们用大多数的专制威权压制这位说老实话的医生，不许他开口。他做了报告，本地的报馆都不肯登载。他要自己印刷，印刷局也不肯替他印。他要开会演说，全城的人都不把空屋借他做会场。后来好容易找到了一所会场，开了一个公民会议，会场上的人不但不听他的老实话，还把他赶下台去，由全体一致表决，宣告斯铎曼医生从此是国民的公敌。他逃出会场，把裤子都撕破了，还被众人赶到他家，用石头掷他，把窗户都打碎了。到了明天，本地政府革了他的官医；本地商民发了传单不许人请他看病；他的房东请他赶快搬出屋去；他的女儿在学堂教书，也被校长辞退了。这就是"特立独行"的好结果！这就是大多数惩罚少数"捣乱分子"的辣手段！

五

其次，我们且说易卜生的政治主义。易卜生的戏剧不大讨论政治问题，所以我们须要用他的《尺牍》(Letters, ed. by his son, Sigurd Ibsen, English Trans. 1905) 做参考的材料。

易卜生起初完全是一个主张无政府主义的人。当普法之战（1870至1871年）时，他的无政府主义最为激烈。1871年，他有信与一个朋友道：

> ……个人绝无做国民的需要。不但如此，国家检直是个人的大害。请看普鲁士的国力，不是牺牲了个人的个性去买来的吗？国民都成了酒馆里跑堂的了，自然个个是好兵了。再看犹太民族：岂不是最高贵的人类吗？无论受了何种野蛮的待遇，那犹太民族还能保存本来的面目。这都因为他们没有国家的原故。国家总得毁去。这种毁除国家的革命，我也情愿加入。毁去国家观念，单靠个人的情愿和精神上的团结做人类社会的基本，——若能做到这步田地，这可算得有价值的自由起点。那些国体的变迁，换来换去，都不过是弄把戏，——都不过是全无道理的胡闹。(《尺牍》第七九)

易卜生的纯粹无政府主义，后来渐渐的改变了。他亲自看见巴黎"市民政府"(Commune) 的完全失败（1871），便把他主张无政府主义的热心减了许多（《尺牍》第八一）。到了

1884年，他写信给他的朋友说，他在本国若有机会，定要把国中无权的人民联合成一个大政党，主张极力推广选举权，提高妇女的地位，改良国家教育，要使脱除一切中古陋习（《尺牍》第一七八）。这就不是无政府的口气了。但是他自己到底不曾加入政党。他以为加入政党是很下流的事（《尺牍》第一五八）。他最恨那班政客，他以为"那班政客所力争的，全是表面上的权利，全是胡闹。最要紧的是人心的大革命"（《尺牍》第七七）。

易卜生从来不主张狭义的国家主义，从来不是狭义的爱国者。1888年，他写信给一个朋友说道：

> 知识思想略为发达的人，对于旧式的国家观念，总不满意。我们不能以为有了我们所属的政治团体便足够了。据我看来，国家观念不久就要消灭了，将来定有人种观念起来代他。即以我个人而论，我已经过这种变化。我起初觉得我是那威国人，后来变成斯堪丁纳维亚人（那威与瑞典总名斯堪丁纳维亚），我现在已成了条顿人了。
>
> （《尺牍》第二〇六）

这是1888年的话。我想易卜生晚年临死的时候（1906），一定已进到世界主义的地步了。

六

我开篇便说过易卜生的人生观只是一个写实主义。易卜生把家庭社会的实在情形都写了出来，叫人看了动心，叫人看了觉得我们的家庭社会原来是如此黑暗腐败，叫人看了晓得家庭社会真正不得不维新革命：——这就是"易卜生主义"。表面上看去，像是破坏的，其实完全是建设的。譬如医生诊了病，开的一个脉案，把病状详细写出，这难道是消极的破坏的手续吗？但是易卜生虽开了许多脉案，却不肯轻易开药方。他知道人类社会是极复杂的组织，有种种绝不相同的境地，有种种绝不相同的情形。社会的病，种类纷繁，决不是什么"包医百病"的药方所能治得好的。因此他只好开个脉案，说出病情，让病人各人自己去寻医病的药方。

虽然如此，但是易卜生生平却也有一种完全积极的主张。他主张个人须要充分发达自己的天才性；须要充分发展自己的个性。他有一封信给他的朋友白兰戴说道：

> 我所最期望于你的是一种真益〔实〕纯粹的为我〔你〕主义。要使你有时觉得天下只有关于我的事最要紧，其余的都算不得什么。……你要想有益于社会，最好的法子莫如把你自己这块材料铸造成器。……有的时

候我真觉得全世界都像海上撞沉了船,最要紧的还是救出自己。(《尺牍》第八四)

最可笑的是有些人明知世界"陆沉",却要跟着"陆沉",跟着堕落,不肯"救出自己"!却不知道社会是个人组成的,多救出一个人便是多备下一个再造新社会的分子。所以孟轲说"穷则独善其身",这便是易卜生所说"救出自己"的意思。这种"为我主义",其实是最有价值的利人主义。所以易卜生说,"你要想有益于社会,最好的法子莫如把你自己这块材料铸造成器"。《娜拉》戏里,写娜拉抛了丈夫儿女飘然而去,也只为要"救出自己"。那戏中说:

(郝尔茂)……你就是这样抛弃你的最神圣的责任吗?

(娜拉)你以为我的最神圣的责任是什么?

(郝)还等我说吗?可不是你对于你的丈夫和你的儿女的责任吗?

(娜)我还有别的责任同这些一样的神圣。

(郝)没有的。你且说,那些责任是什么。

(娜)是我对于我自己的责任。

(郝)最要紧的,你是一个妻子,又是一个母亲。

（娜）这种话我现在不相信了。我相信第一我是一个人正同你一样。——无论如何，我务必努力做一个人。（三幕）

1882年，易卜生有信给朋友道：

这样生活，须使各人自己充分发展：——这是人类功业顶高的一层；这是我们大家都应该做的事。（《尺牍》第一六四）

社会最大的罪恶莫过于摧折个人的个性，不使他自由发展。那本《雁》戏所写的只是一件摧残个人才性的惨剧。那戏写一个人少年时本极有高尚的志气，后来被一个恶人害得破家荡产，不能度日；那恶人又把他自己通奸有孕的下等女子配给他做妻子，从此家累日重一日，他的志气便日低一日。到了后来，他堕落深了，竟变成了一个懒人懦夫，天天受那下贱妇人和两个无赖的恭维，他洋洋得意的觉得这种生活很可以终身的。所以那本戏借一个雁做比喻：那雁在半阁上关得久了，他从前那种高飞远举的志气全消灭了。居然把人家的半阁做他的极乐国了！

发展个人的个性，须要有两个条件。第一，须使个人有自由意志。第二，须使个人担干系，负责任。《娜拉》戏中写郝尔茂的最大错处只在他把娜拉当作"玩意儿"看待，既不许他有自由意志，又不许他担负家庭的责任，所以娜拉竟没有发展他自己个性的机会。所以娜拉一旦觉悟时，恨极他的丈夫，决意弃家远去，也正为这个原故。易卜生又有一本戏，叫做《海上夫人》(The Lady From The Sea)，里面写一个女子哀梨妲少年时嫁给人家做后母，他丈夫和前妻的两个女儿看他年纪轻，不让他管家务，只叫他过安闲日子。哀梨妲在家觉得做这种不自由的妻子，不负责任的后母，是极没趣的事。因此他天天想跟人到海外去过那海阔天空的生活。他丈夫越不许他自由，他偏越想自由。后来他丈夫知道留他不住，只得许他自由出去。他丈夫说道：

（丈夫）……我现在立刻和你毁约，现在你可以有完全自由拣定你自己的路子。……现在你可以自己决定，你有完全的自由，你自己担干系。

（哀梨妲）完全自由！还要自己担干系！还担干系咧！有这么一来，样样事都不同了。

哀梨妲有了自由又自己负责任了，忽然大变了，也不想那海上的生活了，决意不跟人走了（《海上夫人》第五幕）。这是为什么呢？因为世间只有奴隶的生活是不能自由选择的，是不用担干系的。个人若没有自由权，又不负责任，便和做奴隶一样，所以无论怎样好玩，无论怎样高兴，到底没有真正乐趣，到底不能发展个人的人格。所以哀梨姐说，有了完全自由，还要自己担干系，有这么一来，样样事都不同了。

家庭是如此，社会国家也是如此。自治的社会，共和的国家，只是要个人有自由选择之权，还要个人对于自己所行所为都负责任。若不如此，决不能造出自己独立的人格。社会国家没有自由独立的人格如同酒里少了酒曲，面包里少了酵，人身上少了脑筋：那种社会国家决没有改良进步的希望。

所以易卜生的一生目的只是要社会极力容忍，极力鼓励斯铎曼医生一流的人物（斯铎曼事见上文四节）；要想社会上生出无数永不知足，永不满意，敢说老实话攻击社会腐败情形的"国民公敌"；要想社会上有许多人都能像斯铎曼医生那样宣言道："世上最强有力的人就是那个最孤立的人！"

社会国家是时刻变迁的，所以不能指定那一种方法是救世的良药：十年前用补药，十年后或者须用泄药了；十年前用凉药，十年后或者须用热药了。况且各地的社会国家都不相同，适用于日本的药，未必完全适用于中国；适用于德国的药，未必适用于美国。只有康有为那种"圣人"，还想用他们的"戊戌政策"来救戊午的中国；只有辜鸿铭那班怪物，还想用二千年前的"尊王大义"来施行于二十世纪的中国。易卜生是聪明人，他知道世上没有"包医百病"的仙方，也没有"施诸四海而皆准，推之百世而不悖"的真理。因此他对于社会的种种罪恶污秽，只开脉案，只说病状，却不肯下药。但他虽不肯下药，却到处告诉我们一个保卫社会健康的卫生良法。他仿佛说道："人的身体全靠血里面有无量数的白血轮时时刻刻与人身的病菌开战，把一切病菌扑灭干净，方才可使身体健全，精神充足。社会国家的健康也全靠社会中有许多永不知足，永不满意，时刻与罪恶分子龌龊分子宣战的白血轮，方才有改良进步的希望。我们若要保卫社会的健康，须要使社会里时时刻刻有斯铎曼医生一般的白血轮分子。但使社会常有这种白血轮精神，社会决没有不改良进步的道理。"1883年，易卜生写信给朋友道：

> 十年之后，社会的多数人大概也会到了斯铎曼医生开公民大会时的见地了。
>
> 但是这十年之中，斯铎曼自己也刻刻向前进；所以到了十年之后，他的见地仍旧比社会的多数人还高十年。即以我个人而论，我觉得时时刻刻总有进境。我从

前每作一本戏时的主张,如今都已渐渐变成了很多数人的主张。但是等到他们赶到那里时,我久已不在那里了。我又到别处去了。我希望我总是向前去了。(《尺牍》第一七二)

民国七年五月十六日作于北京
民国十年四月二十六日改稿
(原载1918年6月15日《新青年》第4卷第6号)

贞操问题

一

周作人先生所译的日本与谢野晶子的《贞操论》(《新青年》四卷五号),我读了很有感触。这个问题,在世界上受了几千年无意识的迷信,到近几十年中,方才有些西洋学者正式讨论这问题的真意义。文学家如易卜生的《群鬼》和Thomas Hardy的《苔史》(*Tess*),都带着讨论这个问题。如今家庭专制最利害的日本居然也有这样大胆的议论!这是东方文明史上一件极可贺的事。

当周先生翻译这篇文字的时候,北京一家很有价值的报纸登出一篇恰相反的文章。这篇文章是海宁朱尔迈的《会葬唐烈妇记》(7月23、24日北京《中华新报》)。上半篇写唐烈妇之死如下:

唐烈妇之死，所阅灰水，钱卤，投河，雉经者五，前后绝食者三；又益之以砒霜，则其亲试乎杀人之方者凡九。自除夕上溯其夫亡之夕，凡九十有八日。夫以九死之惨毒，又历九十八日之长，非所称百挫千折有进而无退者乎？……

下文又借出一件"俞氏女守节"的事来替唐烈妇作陪衬：

女年十九，受海盐张氏聘，未于归，夫夭，女即绝食七日；家人劝之力，始进糜曰，"吾即生，必至张氏，宁服丧三年，然后归报地下。"

最妙的是朱尔迈的论断：

嗟乎，俞氏女盖闻烈妇之风而兴起者乎？……俞氏女果能死于绝食七日之内，岂不甚幸？乃为家人阻之，俞氏女亦以三年为己任，余正恐三年之间，凡一千八十日有奇，非如烈妇之九十八日也。且绝食之后，其家人防之者百端，……虽有死之志，而无死之间，可奈何？烈妇倘能阴相之以成其节，风化所关，猗欤盛矣！

这种议论检直是全无心肝的贞操论,俞氏女还不曾出嫁,不过因为信了那种荒谬的贞操迷信,想做那"青史上留名的事",所以绝食寻死,想做烈女。这位朱先生要维持风化,所以忍心害理的巴望那位烈妇的英灵来帮助俞氏女赶快死了,"岂不甚幸!"这种议论可算得贞操迷信的极端代表。《儒林外史》里面的王玉辉看他女儿殉夫死了,不但不哀痛,反仰天大笑道:"死得好!死得好!"(五十二回)王玉辉的女儿殉已嫁之夫,尚在情理之中。王玉辉自己"生这女儿为伦纪生色",他看他女儿死了反觉高兴,已不在情理之中了。至于这位朱先生巴望别人家的女儿替他未婚夫做烈女,说出那种"猗欤盛矣"的全无心肝的话,可不是贞操迷信的极端代表吗?

贞操问题之中,第一无道理的,便是这个替未婚夫守节和殉烈的风俗。在文明国里,男女用自由意志,由高尚的恋爱,订了婚约,有时男的或女的不幸死了,剩下的那一个因为生时爱情太深,故情愿不再婚嫁。这是合情理的事。若在婚姻不自由之国,男女订婚以后,女的还不知男的面长面短,有何情爱可言?不料竟有一种陋儒,用"青史上留名的事"来鼓励无知女儿做烈女,"为伦纪生色","风化所关,猗欤盛矣!"我以为我们今日若要作具体的贞操论,第一步就该反对这种忍心害理的烈女论，要渐渐养成一种舆论，不但永不把这种行为看作"猗欤盛矣"可旌表褒扬的事，还要公认这是不合人情，不合天理的罪恶；还要公认劝人做烈女，罪等于故意杀人。

这不过是贞操问题的一方面。这个问题的真相，已经与谢野晶子说得很明白了。他提出几个疑问，内中有一条是："贞操是否单是女子必要的道德，还是男女都必要的呢？"这个疑问，在中国更为重要。中国的男子要他们的妻子替他们守贞守节，他们自己却公然嫖妓，公然纳妾，公然"吊膀子"。再嫁的妇人在社会上几乎没有社交的资格；再婚的男子，多妻的男子，却一毫不损失他们的身分。这不是最不平等的事吗？怪不得古人要请"周婆制礼"来补救"周公制礼"的不平等了。

我不是说，因为男子嫖妓，女子便该偷汉；也不是说，因为老爷有姨太太，太太便该有姨老爷。我说的是，男子嫖妓，与妇人偷汉，犯的是同等的罪恶；老爷纳妾，与太太偷人，犯的也是同等的罪恶。

为什么呢？因为贞操不是个人的事，乃是人对人的事；不是一方面的事，乃是双方面的事。女子尊重男子的爱情，心思专一，不肯再爱别人，这就是贞操。贞操是一个"人"对别一个"人"的一种态度。因为如此，男子对于女子，也该有同等的态度。若男子不能照样还敬,他就是不配受这种贞操的待遇。这并不是外国进口的妖言,这乃是孔丘说的"己所不欲,勿施于人"。孔丘说:

> 君子之道四,丘未能一焉:所求乎子以事父,未能也;所求乎臣以事君,未能也;所求乎弟以事兄,未能也;所求乎朋友,先施之,未能也。

孔丘五伦之中,只说了四伦,未免有点欠缺。他理该加上一句道:

> 所求乎吾妇,先施之,未能也。

这才是大公无私的圣人之道!

二

我这篇文字刚才做完,又在上海报上看见陈烈女殉夫的事。今先记此事大略如下:

> 陈烈女名宛珍,绍兴县人,三世居上海。年十七,

字王远甫之子菁士。菁士于本年三月廿三日病死，年十八岁。陈女闻死耗，即沐浴更衣，潜自仰药。其家人觉察，仓皇施救，已无及。女乃泫然曰："儿志早决。生虽未获见夫，殁或相从地下，……"言讫，遂死，死时距其未婚夫之死仅三时而已。（此据上海绍兴同乡会所出征文启）

过了两天，又见上海县知事呈江苏省长请予褒扬的呈文，中说：

呈为陈烈女行实可风，造册具书证明，请予按例褒扬事。……（事实略）……兹据呈称……并开具事实，附送褒扬费银六元前来。……知事复查无异。除先给予"贞烈可风"匾额，以资旌表外，谨援《褒扬条例》……之规定，造具清册，并附证明书，连同褒扬费，一并备文呈送，仰祈鉴核，俯赐咨行内务部将陈烈女按例褒扬，实为德便。

我读了这篇呈文，方才知道我们中华民国居然还有什么《褒扬条例》。于是我把那些条例寻来一看，只见第一条九种可褒扬的行谊的第二款便是"妇女节烈贞操可以风世者";第七款是"著述书籍,制造器用,于学术技艺有发明或改良之功者";第九款是"年逾百岁者"!一个人偶然活到了一百岁,居然也可以与学术技艺上的著作发明享受同等的褒扬!这已是不伦不类可笑得很了。再看那条例《施行细则》解释第一条第二款的"妇女节烈贞操可以风世者"如下:

> 第二条:《褒扬条例》第一条第二款所称之"节"妇,其守节年限自三十岁以前守节至五十岁以后者。但年未五十而身故,其守节已及六年者同。
> 第三条:同条款所称之"烈"妇"烈"女,凡遇强暴不从致死,或羞忿自尽,及夫亡殉节者,属之。
> 第四条:同条款所称之"贞"女,守贞年限与节妇同。其在夫家守贞身故,及未符年例而身故者,亦属之。

以上各条乃是中国贞操问题的中心点。第二条褒扬"自三十岁以前守节至五十岁以后"的节妇,是中国法律明明认三十岁以下的寡妇不该再嫁;再嫁为不道德。第三条褒扬"夫亡殉节"的烈妇烈女,是中国法律明明鼓励妇人自杀以殉夫;明明鼓励未嫁女子自杀以殉未嫁之夫。第四条褒扬未嫁女子替未婚亡夫守贞二十年以上,是中国法律明明说未嫁而丧夫的女子不该再嫁人；再嫁便是不道德。

这是中国法律对于贞操问题的规定。

依我个人的意思看来，这三种规定都没有成立的理由。

第一，寡妇再嫁问题　这全是一个个人问题。妇人若是对他已死的丈夫真有割不断的情义，他自己不忍再嫁；或是已有了孩子，不肯再嫁；或是年纪已大，不能再嫁；或是家道殷实，不愁衣食，不必再嫁：——妇人处于这种境地，自然守节不嫁。还有一些妇人，对他丈夫，或有怨心，或无恩意，年纪又轻，不肯抛弃人生正当的家庭快乐；或是没有儿女，家又贫苦，不能度日：——妇人处于这种境遇没有守节的理由，为个人计，为社会计，为人道计，都该劝他改嫁。贞操乃是夫妇相待的一种态度。夫妇之间爱情深了，恩谊厚了，无论谁生谁死，无论生时死后，都不忍把这爱情移于别人，这便是贞操。夫妻之间若没有爱情恩意，即没有贞操可说。若不问夫妇之间有无可以永久不变的爱情，若不问做丈夫的配不配受他妻子的贞操，只晓得主张做妻子的总该替他丈夫守节；这是一偏的贞操论，这是不合人情公理的伦理。再者，贞操的道德，"照各人境遇体质的不同，有时能守，有时不能守；在甲能守，在乙不能守"（用与谢野晶子的话）。若不问个人的境遇体质，只晓得说"忠臣不事二君，烈女不更二夫"；只晓得说"饿死事极小，失节事极大"（用程子语）；这是忍心害理,男子专制的贞操论。——以上所说,大旨只要指出寡妇应否再嫁全是个人问题,有个人恩情上,体质上,家计上种种不同的理由,不可偏于一方面主张不近情理的守节。因为如此,故我极端反对国家用法律的规定来褒扬守节不嫁的寡妇。褒扬守节的寡妇,即是说寡妇再嫁为不道德,即是主张一偏的贞操论。法律既不能断定寡妇再嫁为不道德,即不该褒扬不嫁的寡妇。

第二,烈妇殉夫问题　寡妇守节最正当的理由是夫妇间的爱情。妇人殉夫最正当的理由也是夫妇间的爱情。爱情深了,生离尚且不能堪,何况死别?再加以宗教的迷信,以为死后可以夫妇团圆。因此有许多妇人,夫死之后,情愿杀身从夫于地下。这个不属于贞操问题。但我以为无论如何,这也是个人恩爱问题,应由个人自由意志去决定。无论如何,法律总不该正式褒扬妇人自杀殉夫的举动。一来呢,殉夫既由于个人的恩爱,何须用法律来褒扬鼓励?二来呢,殉夫若由于死后团圆的迷信,更不该有法律的褒扬了。三来呢,若用法律来褒扬殉夫的烈妇,有一些好名的妇人,便要借此博一个"青史留名";是法律的褒扬反发生一种沽名钓誉,作伪不诚的行为了!

第三,贞女烈女问题　未嫁而夫死的女子,守贞不嫁的,是"贞女";杀身殉夫的,是"烈女"。我上文说过,夫妇之间若没有恩爱，即没有贞操可说。依此看来，那未嫁的女子，对于他丈夫有何恩爱？既无恩爱，更有何贞操可守？我说到这里，有个朋友驳我道，"这话别人说了还可，胡适之可不该说这话。为什么呢？你自己曾做过一首诗，诗里有一段道：

> 我不认得他，他不认得我，我却常念他，这是为什么？
> 岂不因我们，分定常相亲？由分生情意，所以非路人。
> 海外土生子，生不识故里，终有故乡情，其理亦如此。

依你这诗的理论看来，岂不是已订婚而未嫁娶的男女因为名分已定，也会有一种情意。既有了情意，自然发生贞操问题。你于今又说未婚嫁的男女没有恩爱，故也没有贞操可说，可不是自相矛盾吗？"

我听了这番驳论，几乎开口不得。想了一想，我才回答道：我那首诗所说名分上发生的情意，自然是有的；若没有那种名分上的情意，中国的旧式婚姻决不能存在。如旧日女子听人说他未婚夫的事，即面红害羞，即留神注意，可见他对他未婚夫实有这种名分上所发生的情谊。但这种情谊完全属于理想的。这种理想的情谊往往因实际上的反证，遂完全消灭。如女子悬想一个可爱的丈夫，及到嫁时，只见一个极下流不堪的男子，他如何能坚持那从前理想中的情谊呢？我承认名分可以发生一种情谊，我并且希望一切名分都能发生相当的情谊。但这种理想的情谊，依我看来实在不够发生终身不嫁的贞操，更不够发生杀身殉夫的节烈。即使我更让一步，承认中国有些女子，例如吴趼人《恨海》里那个浪子的聘妻，深中了圣贤经传的毒，由名分上真能生出极浓挚的情谊，无论他未婚夫如何淫荡，人格如何堕落，依旧贞一不变。试问我们在这个文明时代，是否应该赞成提倡这种盲从的贞操？这种盲从的贞操，只值得一句"其愚不可及也"的评论，却不值得法律的褒扬。法律既许未嫁的女子夫死再嫁，便不该褒扬处女守贞。至于法律褒扬无辜女子自杀以殉不曾见面的丈夫，那更是男子专制时代的风俗，不该存在于现今的世界。

总而言之，我对于中国人的贞操问题，有三层意见。

第一，这个问题，从前的人都看作"天经地义"，一味盲从，全不研究"贞操"两字究竟有何意义。我们生在今日，无论提倡何种道德，总该想想那种道德的真意义是什么。《墨子》说得好：

> 子墨子问于儒者曰，"何故为乐？"曰，"乐以为乐也"。子墨子曰，"子未我应也。今我问曰，'何故

为室？'曰，'冬避寒焉，夏避暑焉，室以为男女之别也'，则子告我为室之故矣。今我问曰，'何故为乐？'曰，'乐以为乐也'。是犹曰，'何故为室？'曰，'室以为室也'"。(《公孟》篇)

今试问人"贞操是什么？"或"为什么你褒扬贞操？"他一定回答道，"贞操就是贞操。我因为这是贞操，故褒扬他"。这种"室以为室也"的论理，便是今日道德思想宣告破产的证据。故我做这篇文字的第一个主意只是要大家知道"贞操"这个问题并不是"天经地义"，是可以澈底研究，可以反复讨论的。

第二，我以为贞操是男女相待的一种态度，乃是双方交互的道德，不是偏于女子一方面的。由这个前提，便生出几条引申的意见：(一)男子对于女子，丈夫对于妻子，也应有贞操的态度；(二)男子做不贞操的行为，如嫖妓娶妾之类，社会上应该用对待不贞妇女的态度来对待他；(三)妇女对于无贞操的丈夫，没有守贞操的责任；(四)社会法律既不认嫖妓纳妾为不道德，便不该褒扬女子的"节烈贞操"。

第三，我绝对的反对褒扬贞操的法律。我的理由是：

(一)贞操既是个人男女双方对待的一种态度，诚意的贞操是完全自动的道德，不容有外部的干涉，不须有法律的提倡。

（二）若用法律的褒扬为提倡贞操的方法，势必至造成许多沽名钓誉，不诚实，无意识的贞操举动。

（三）在现代社会，许多贞操问题，如寡妇再嫁，处女守贞，等等问题的是非得失，却都还有讨论余地，法律不当以武断的态度制定褒贬的规条。

（四）法律既不奖励男子的贞操，又不惩男子的不贞操，便不该单独提倡女子的贞操。

（五）以近世人道主义的眼光看来，褒扬烈妇烈女杀身殉夫，都是野蛮残忍的法律，这种法律，在今日没有存在的地位。

民国七年七月

（原载1918年7月15日《新青年》第5卷第1号）

新思潮的意义

研究问题
输入学理
整理国故
再造文明

一

近来报纸上发表过几篇解释"新思潮"的文章。我读了这几篇文章，觉得他们所举出的新思潮的性质，或太琐碎，或太拢统，不能算作新思潮运动的真确解释，也不能指出新思潮的将来趋势。即如包世杰先生的《新思潮是什么》一篇长文，列举新思潮的内容，何尝不详细？但是他究竟不曾使我们明白那种种新思潮的共同意义是什么。比较最简单的解释要算我的朋友陈独秀先生所举出的《新青年》两大罪案，——其实就是新思潮的两大罪案，——一是拥护德莫克拉西先生（民治主义），一是拥护赛因斯先生（科学）。陈先生说：

> 要拥护那德先生，便不得不反对孔教，礼法，贞节，旧伦理，旧政治。要拥护那赛先生，便不得不反对旧艺术，旧宗教。要拥护德先生，又要拥护赛先生，便不得不反对国粹和旧文学。（《新青年》六卷一号页一〇）

这话虽然很简明，但是还嫌太拢统了一点。假使有人问："何以要拥护德先生和赛先生便不能不反对国粹和旧文学呢？"答案自然是："因为国粹和旧文学是同德、赛两位先生反对的。"又问："何以凡同德、赛两位先生反对的东西都该反对呢？"这个问题可就不是几句拢统简单的话所能回答的了。

据我个人的观察，新思潮的根本意义只是一种新态度。这种新态度可叫做"评判的态度"。

评判的态度，简单说来，只是凡事要重新分别一个好与不好。仔细说来，评判的态度含有几种特别的要求：

（1）对于习俗相传下来的制度风俗，要问："这种制度现在还有存在的价值吗？"

（2）对于古代遗传下来的圣贤教训，要问："这句话在今日还是不错吗？"

（3）对于社会上糊涂公认的行为与信仰，都要问："大家公认的，就不会错了吗？人家这样做，我也该这样做吗？难道没有别样做法比这个更好，更有理，更有益的吗？"

尼采说现今时代是一个"重新估定一切价值"（Transvaluation of all Values）的时代。"重新估定一切价值"八个字便是评判的态度的最好解释。从前的人说妇女的脚越小越美。现在我们不但不认小脚为"美"，简直说这是"惨无人道"了。十年前，人家和店家都用鸦片烟敬客。现在鸦片烟变成犯禁品了。二十年前，康有为是洪水猛兽一般的维新党。现在康有为变成老古董了。康有为并不曾变换，估价的人变了，故他的价值也跟着变了。这叫做"重新估定一切价值"。

我以为现在所谓"新思潮"，无论怎样不一致，根本上同有这公共的一点：——评判的态度。孔教的讨论只是要重新估定孔教的价值。文学的评论只是要重新估定旧文学的价值。贞操的讨论只是要重新估定贞操的道德在现代社会的价值。旧戏的评论只是要重新估定旧戏在今日文学上的价值。礼教的讨论只是要重新估定古代的纲常礼教在今日还有什么价值。女子的问题只是要重新估定女子在社会上的价值。政府与无政府的讨论，财产私有与公有的讨论，也只是要重新估定政府与财产等等制度在今日社会的价值。……我也不必往下数了，这些例很够证明这种评判的态度是新思潮运动的共同精神。

二

这种评判的态度，在实际上表现时，有两种趋势。一方面是讨论社会上，政治上，宗教上，文学上种种问题。一方面是介绍西洋的新思想，新学术，新文学，新信仰。前者是"研究问题"，后者是"输入学理"。这两项是新思潮的手段。

我们随便翻开这两三年以来的新杂志与报纸，便可以看出这两种的趋势。在研究问题一方面，我们可以指出（1）孔教问题，（2）文学改革问题，（3）国语统一问题，（4）女子解放问题，（5）贞操问题，（6）礼教问题，（7）教育改良问题，（8）婚姻问题，（9）父子问题，（10）戏剧改良问题，……等等。在输入学理一方面，我们可以指出《新青年》的"易卜生号"，"马克思号"，《民铎》的"现代思潮号"，《新教育》的"杜威号"，《建设》的"全民政治"的学理，和北京《晨报》，《国民公报》，《每周评论》，上海《星期评论》,《时事新报》,《解放与改造》,广州《民风周刊》……等等杂志报纸所介绍的种种西洋新学说。

为什么要研究问题呢？因为我们的社会现在正当根本动摇的时候,有许多风俗制度,向来不发生问题的,现在因为不能适应时势的需要,不能使人满意,都渐渐的变成困难的问题,不能不澈底研究,不能不考问旧日的解决法是否错误；如果错了,错在什么地方；错误寻出了,可有什么更好的解决方法；有什么方法可以适应现时的要求。例如孔教的问题,向来不成什么问题；后来东方文化与西方文化接近,孔教的势力渐渐衰微,于是有一班信仰孔教的人妄想要用政府法令的势力来恢复孔教的尊严；却不知道这种高压的手段恰好挑起一种怀疑的反动。因此,民国四五年的时候,孔教会的活动最大,反对孔教的人也最多。孔教成为问题就在这个时候。现在大多数明白事理的人,已打破了孔教的迷梦,这个问题又渐渐的不成问题了,故安福部的议员通过孔教为修身大本的议案时,国内竟没有人睬他们了！

又如文学革命的问题。向来教育是少数"读书人"的特别权利,于大多数人是无关系的,故文字的艰深不成问题。近来教育成为全国人的公共权利,人人知道普及教育是不可少的,故渐渐的有人知道文言在教育上实在不适用,于是文言白话就成为问题了。后来有人觉得单用白话做教科书是不中用的，因为世间决没有人情愿学一种除了教科书以外便没有用处的文字。这些人主张：古文不但不配做教育的工具，并且不配做文学的利器；若要提倡国语的教育，先须提倡国语的文学。文学革命的问题就是这样发生的。现在全国教育联合会已全体一致通过小学教科书改用国语的议案，况且用国语做文章的人也渐渐的多了，这个问题又渐渐的不成问题了。

为什么要输入学理呢？这个大概有几层解释。一来呢，有些人深信中国不但缺乏炮弹，兵船，电报，铁路，还缺乏新思想与新学术，故他们尽量的输入西洋近世的学说。二来呢，有些人自己深信某种学说，要想他传播发展，故尽力提倡。三来呢，有些人自己不能做具体的研究工夫，觉得翻译现成的学说比较容易些，故乐得做这种稗贩事业。四来呢，研究具体的社会问题或政治问题，一方面做那破坏事业，一方面做对症下药的工夫，不但不容易，并且很遭犯忌讳，很容易惹祸，故不如做介绍学说的事业，借"学理研究"的美名，既可以避"过激派"的罪名，又还可以种下一点革命的种子。五来呢，研究问题的人，势不能专就问题本身讨论，不能不从那问题的意义上着想；但是问题引申到意义上去，便不能不靠许多学理做参考比较的材料，故学理的输入往往可以帮助问题的研究。

这五种动机虽然不同，但是多少总含有一种"评判的态度"，总表示对于旧有学术思想的一种不满意，和对于西方的精神文明的一种新觉悟。

但是这两三年新思潮运动的历史应该给我们一种很有益的教训。什么教训呢？就是：这两三年来新思潮运动的最大成绩差不多全是研究问题的结果。新文学的运动便是一个最明白的例。这个道理很容易解释。凡社会上成为问题的问题，一定是与许多人有密切关系的。这许多人虽然不能提出什么新解决，但是他们平时对于这个问题自然不能不注意。若有人能把这个问题的各方面都细细分析出来，加上评判的研究，指出不满意的所在，提出新鲜的救济方法，自然容易引起许多人的注意。起初自然有许多人反对。但是反对便是注意的证据，便是兴趣的表示。试看近日报纸上登的马克斯的《赢余价值论》，可有反对的吗？可有讨论的吗？没有人讨论，没有人反对，便是不能引起人注意的证据。研究问题的文章所以能发生效果，正为所研究的问题一定是社会人生最切要的问题，最能使人注意，也最能使人觉悟。悬空介绍一种专家学说，如《赢余价值论》之类，除了少数专门学者之外，决不会发生什么影响。但是我们可以在研究问题里面做点输入学理的事业，或用学理来解释问题的意义，或从学理上寻求解决问题的方法。用这种方法来输入学理，能使人于不知不觉之中感受学理的影响。不但如此,研究问题最能使读者渐渐的养成一种批评的态度,研究的兴趣,独立思想的习惯。十部"纯粹理性的评判",不如一点评判的态度;十篇"赢余价值论",不如一点研究的兴趣;十种"全民政治论",不如一点独立思想的习惯。

总起来说:研究问题所以能于短时期中发生很大的效力,正因为研究问题有这几种好处:(1)研究社会人生切要的问题最容易引起大家的注意;(2)因为问题关切人生,故最容易引起反对,但反对是该欢迎的,因为反对便是兴趣的表示,况且反对的讨论不但给我们许多不要钱的广告,还可使我们得讨论的益处,使真理格外分明;(3)因为问题是逼人的活问题,故容易使人觉悟,容易得人信从;(4)因为从研究问题里面输入的学理,最容易消除平常人对于学理的抗拒力,最容易使人于不知不觉之中受学理的影响;(5)因为研究问题可以不知不觉的养成一班研究的,评判的,独立思想的革新人才。

这是这几年新思潮运动的大教训!我希望新思潮的领袖人物以后能了解这个教训,能把全副精力贯注到研究问题上去;能把一切学理不看作天经地义,但看作研究问题的参考材料;能把一切学理应用到我们自己的种种切要问题上去;能在研究问题上面做输入学理的工夫;能用研究问题的工夫来提倡研究问题的态度,来养成研究问题的人才。

这是我对于新思潮运动的解释。这也是我对于新思潮将来的趋向的希望。[1]

三

以上说新思潮的"评判的精神"在实际上的两种表现。现在要问:"新思潮的运动对于中国旧有的学术思想,持什么态度呢?"

我的答案是:"也是评判的态度。"

分开来说,我们对于旧有的学术思想有三种态度。第一,反对盲从;第二,反对调和;第三,主张整理国故。

盲从是评判的反面,我们既主张"重新估定一切价值",自然要反对盲从。这是不消说的了。

为什么要反对调和呢?因为评判的态度只认得一个是与不是,一个好与不好,一个适与不适,——不认得什么古今中外的调和。调和是社会的一种天然趋势。人类社会有一种守旧的惰性,少数人只管趋向极端的革新,大多数人至多只能跟你走半程路。这就是调和。调和是人类懒病的天然趋

---

[1] 参看(1)《多研究些问题,少谈些主义》。(2)《问题与主义》。(3)《再论问题与主义》。(4)《三论问题与主义》。

势,用不着我们来提倡。我们走了一百里路,大多数人也许勉强走三四十里。我们若先讲调和,只走五十里,他们就一步都不走了。所以革新家的责任只是认定"是"的一个方向走去,不要回头讲调和。社会上自然有无数懒人懦夫出来调和。

我们对于旧有的学术思想,积极的只有一个主张,——就是"整理国故"。整理就是从乱七八糟里面寻出一个条理脉络来;从无头无脑里面寻出一个前因后果来;从胡说谬解里面寻出一个真意义来;从武断迷信里面寻出一个真价值来。为什么要整理呢?因为古代的学术思想向来没有条理,没有头绪,没有系统,故第一步是条理系统的整理。因为前人研究古书,很少有历史进化的眼光的,故从来不讲究一种学术的渊源,一种思想的前因后果,所以第二步是要寻出每种学术思想怎样发生,发生之后有什么影响效果。因为前人读古书,除极少数学者以外,大都是以讹传讹的谬说,——如太极图,爻辰,先天图,卦气,……之类,——故第三步是要用科学的方法,作精确的考证,把古人的意义弄得明白清楚。因为前人对于古代的学术思想,有种种武断的成见,有种种可笑的迷信,如骂杨朱、墨翟为禽兽,却尊孔丘为德配天地,道冠古今!故第四步是综合前三步的研究,各家都还他一个本来真面目,各家都还他一个真价值。

这叫做"整理国故"。现在有许多人自己不懂得国粹是什么东西,却偏要高谈"保存国粹"。林琴南先生做文章论古文之不当废,他说,"吾知其理而不能言其所以然!"现在许多国粹党,有几个不是这样糊涂懵懂的?这种人如何配谈国粹?若要知道什么是国粹,什么是国渣,先须要用评判的态度,科学的精神,去做一番整理国故的工夫。

四

新思潮的精神是一种评判的态度。

新思潮的手段是研究问题与输入学理。

新思潮的将来趋势,依我个人的私见看来,应该是注重研究人生社会的切要问题,应该于研究问题之中做介绍学理的事业。

新思潮对于旧文化的态度,在消极一方面是反对盲从,是反对调和;在积极一方面,是用科学的方法来做整理的工夫。

新思潮的唯一目的是什么呢?是再造文明。

文明不是拢统造成的,是一点一滴的造成的。进化不是一晚上拢统进化的,是一点一滴的进化的。现今的人爱谈"解放与改造",须知解放不是拢统解放,改造也不是拢统改造。解放是这个那个制度的解放,这种那种思想的解放,这个那个人的解放，是一点一滴的解放。改造是这个那个制度的改造，这种那种思想的改造，这个那个人的改造，是一点一滴的改造。

再造文明的下手工夫，是这个那个问题的研究。再造文明的进行，是这个那个问题的解决。

中华民国八年十一月一日晨三时

（原载1919年12月1日《新青年》第7卷第1号）